名人传

亚历山大大帝

叱咤欧亚非三大陆

成彦邦 陈紫薇 著　　徐福骞 绘

人民文学出版社
PEOPLE'S LITERATURE PUBLISHING HOUSE

著作权合同登记：图字 01 - 2018 - 8986 号

图书在版编目(CIP)数据

亚历山大大帝：叱咤欧亚非三大陆/成彦邦，陈紫薇著；徐福骞绘．—北京：人民文学出版社，2019
（名人传）
ISBN 978-7-02-015103-5

Ⅰ．①亚… Ⅱ．①成… ②陈… ③徐… Ⅲ．①亚历山大大帝（前 356-前 323）-传记 Ⅳ．①K835.407＝2

中国版本图书馆 CIP 数据核字（2019）第 047423 号

责任编辑 **甘 慧 杨 芹**
装帧设计 **汪佳诗**

出版发行 **人民文学出版社**
社　　址 **北京市朝内大街 166 号**
邮政编码 **100705**
网　　址 **http://www.rw-cn.com**
印　　制 **莱芜市圣龙印务有限责任公司**
经　　销 **全国新华书店等**
字　　数 **71 千字**
开　　本 **890×1240 毫米 1/32**
印　　张 **4.375**
版　　次 **2019 年 7 月北京第 1 版**
印　　次 **2019 年 7 月第 1 次印刷**
书　　号 **978-7-02-015103-5**
定　　价 **28.00 元**

如有印装质量问题，请与本社图书销售中心调换。电话：010 - 65233595

序

不论世界如何演变，科技如何发达，但凡养成了阅读习惯，这将是一生中享用不尽的财富。

三民书局的刘振强董事长，想必也是一位深信读书是人生最大财富的人，在读书人数往下滑落的多元化时代，他仍然坚信读书的重要性。刘董事长也时常感念，在他困苦贫穷的青少年时期，是书使他坚强向上；在社会普遍困苦、生活简陋的年代，也是书成了他最好的良伴。他希望在他的有生之年，分享这份资产，让其他读者可以充分使用。

“名人传”系列规划出版有关文学、艺术、人文、政治与科学等各行各业有贡献的人物故事，邀请各领域专业的学者、作家同心协力编写，费时多年，分梯次出版。在越来越多元化的世界中，每个人都有各自的才华与潜力，每个朝代也都有其可歌可泣的故事，但是在故事背后所具有的一个共同点，就是每个传记主人公在困苦中不屈不挠的经历，这些经历经由各位作者用心查阅有关资料，再三推敲求证，再以文学之笔，写出了有趣而感人的故事。

西谚有云：世界因有各式各样不同的人，才更加多彩多姿。这套书就是以“人”的故事为主旨，不刻意美化主人公，以他们的生活经历为主轴，深入描写他们成长的环境、家庭教育与童年生活，深入探索是什么因素造成了他们的与众不同，是什么力量驱动了他们锲而不舍地前行。以日常生活中的小故事来描写出这些人为什么能使梦想成真，尤其在阅读这些作品时，能于心领神会中得到灵感。

和一般从外文翻译出来的伟人传记所不同的是，此套书的特色是由熟悉文学的作者用心收集资料，将知识融入有趣的故事，并以文学之笔，深入浅出写出适合大多数人阅读的人物传记。在探讨每位人物的内在心理因素之余，也希望读者从阅读中激励出个人内在的潜力和梦想。我相信每个人都会发呆做梦，当你发呆和做梦的同时，书是你最私密的好友。在阅读中，没有批判和讥讽，却可随书中的主人公海阔天空一起遨游，或狂想或计划，而成为心灵知交。不仅留下从阅读中得到的神交良伴（一个回忆），如果能家人共读，读后一起讨论，绵绵相传，留下共同回忆，何尝不是一派幸福的场景！

谨以此套“名人传”丛书送给所有爱读书的人。你们都是世界上最幸福的人，因为一直有书为伴，与爱同行。

目录

名人传

亚历山大

前356—前323

1. 宫廷里的童年及少年生活

师生佳话

大教育家至圣先师孔子出生于公元前551年，在三十岁时就已经是鲁国有名望的学者，一生周游过许多国家。据说他曾教过三千多名学生，其中有七十二名非常杰出。无独有偶，一百六十多年后，希腊有位大学者叫亚里士多德，十七岁受教于雅典哲人柏拉图，不论哲学、天文、植物、数学都有所专研，学成以后也广收弟子，将自己对人生的见解、丰富的学识心得传授给弟子，结果教出了一位具有雄才大略的帝王——亚历山大。由于他的启发和指导，亚历山大从一位马其顿小城邦的王子，一跃成为版图横跨欧、亚、非三洲的大帝国君主。而亚历山大所到之处，希腊文明也随之传播、发扬。

亚里士多德与亚历山大的师生情谊，始于亚历山大十三岁。那一年，亚历山大的父王腓力二世认为儿子跟随启蒙老师杜波菲娅学习得差不多了，该学些较深的知识了。当时雅典有一所著名的学院，有钱、有名望的贵族子弟都去那里深造。但是，雅典的政治局势很不安定，亚历山大的父母不放心他单独出门，因此腓力二世便想从雅典聘请一位教席来马其顿教育亚历山大。这个决定，从此改变了历史。

本来，雅典学院的校长有意亲自来担任腓力二世的王室教席，由于某种原因，腓力二世不同意，反而选择了当时尚不出名的亚里士多德。亚里士多德到马其顿时，已经四十出头，双腿瘦削，眼睛细小，貌不出众，他的老师柏拉图刚于四年前去世，他因此成了柏拉图的衣钵传人。他能得到腓力二世的信赖，除了具有高深的学问之外，主要还是因为亚里士多德的父亲曾是马其顿的宫廷御医，父子二人共同为马其顿效力，腓力二世比较放心，因此特地在米埃扎建一栋精美的房舍送他。

这下子因缘际会，一位伟大的哲人与未来雄才大略的领袖便这样相会了。很快，两人就相互钦敬和仰慕，一个倾囊相授，一个似海绵般汲取新知，名师与高徒，擦出历史上一场智慧与力量相结合的火花。

亚历山大在马其顿偏远而宁静的米埃扎乡间，接受了三年扎扎实实的教育，学习了法律、政治、艺术、哲学、天文、数学、生物等学问。这三年所学的知识，成为亚历山大建立伟大帝国的基石。

一日，亚历山大从老师亚里士多德手中接过《伊利亚特》这本书。亚里士多德说："这是几百年前希腊盲诗人荷马所写的史诗作品，记述希腊及特洛伊两国间的十年战争，主角是英雄人物阿喀琉斯，他靠着神勇的本领，和众多天神的帮助，将特洛伊打败。"

接着他开始解说这本深奥难懂的文学作品。亚历山大目不转睛地听着老师精彩生动的讲述。

"我长大要做像阿喀琉斯一样的英雄。"亚历山大完全沉迷在故事中，情不自禁地说出他的志向。

"你要在各方面充实自己。阿喀琉斯不但作战勇敢，也是聪明而有智慧的领袖，他所领导的军人都服从他的命

令，愿为他效命，勇往直前，任何牺牲在所不惜。”

“老师，请你将所知道的全部教给我，不要教别人！”亚历山大好胜又有私心地说。

“那可不行，学问该传给天下好学的人。”亚里士多德好言开导。

“这本老师注解的《伊利亚特》，我太喜欢了，可否请你送给我？我要永远带在身边，随时拿出来读一读。”

学生如此好学，令亚里士多德十分欣慰。据说，此后亚历山大直到死时，枕下始终放着《伊利亚特》。由此可见，他对恩师的崇拜与敬意。历史上师生同时有辉煌勋业且流芳百世的，还真不多见。

亚历山大的探险精神和对武器、工程的兴趣，也来自亚里士多德的激发。另外，因为家庭的医学背景，亚里士多德具有丰富的医学常识，亚历山大也学得了这些医学常识。后来，亚历山大在远征时，便利用这些知识照顾受伤的战士，救活了无数人。师生二人也同样热爱自然科学、植物学、动物学。亚历山大远征时，经常搜集一些希腊见不到的动植物，就是受到老师的影响。

虽然他们相处的时间只有短短三年，但两人之间一直保持书信来往。即使是日后，亚历山大离开希腊在远征的途中，两人的书信也不曾间断。亚历山大英年早逝，亚里士多德还比他活得长久。可以说，亚历山大终其一生都受到恩师的谆谆教诲。

王子诞生前的宫闱斗争

时光拉回到亚历山大出生前一百年，也就是公元前四五百年时，位于欧洲希腊北边的马其顿是个城邦小国，与希腊以连绵的山峦为界。马其顿人说一种希腊的方言，崇拜希腊人信奉的神祇，他们深深相信，他们的国家是由天神宙斯之子马其顿所创建的。他们的生活习惯与希腊人不同，带北方腔的口音以及孤立的地形，产生出不一样的文化，这种文化不但不为希腊所接受，反而被视为异端与落后，处处受到轻视。总之，希腊人看不起这个小王国。

想不到这么一个偏远局促、山峦纵横的小王国，出现了亚历山大这样杰出的君王，不但统治了全希腊，而且在短短的十年之间，建立了震惊全世界的功业。

亚历山大出生前，马其顿国力薄弱，经常受到外族的侵略与欺凌，国王虽掌握政权与军权，但王位的继承总是纷纷扰扰，不得安宁。一般情形，王位多由长子继承，如果长子年幼或无领导才能，自然被朝廷中权大势大的人所操控。为了谋夺王位，有心人拉帮结派，钩心斗角，使尽欺骗、抢夺、暗杀等种种阴谋。宫廷中藏着平常百姓所不知道的秘密。

当马其顿的国王帕迪卡斯三世在一次战役中阵亡后，他的大儿子阿明塔斯尚年幼，而马其顿的北方受到强邻侵扰，因此朝中急需一位强有力的领袖来抵抗外侮。帕迪卡斯的弟弟，即亚历山大的父亲腓力便以王叔的身份摄政，辅佐新王。那时马其顿军队纪律散漫，士兵们纵情狩猎，沉溺酒色，腓力便训练出一支骁勇善战、听令于他的军队。这支军队保卫着首都佩拉，将入侵的外族驱逐出境。腓力靠这支军队巩固了他的个人势力，羽翼渐丰之后，废黜了幼主，取而代之。接着，他使用各种手段，团结各个部落，将军事、政治权力集中到了自己手里。

公元前 358 年的春天，腓力率军队北伐，平服了东北的宿敌部落。夏天时，又击败伊利瑞亚这个经常入侵的西北敌国。从此以后，邻国再也不敢轻视马其顿了。

亚历山大的母亲

领军作战那年，腓力二十七岁。据说一天，远征到一个偏远的希腊小岛时，岛上正举行着每年例行的盛大宗教仪式。从各地来的朝圣者都聚集在山顶膜拜，其中有一位伊庇鲁斯的公主，正在参加神殿里点亮火把的仪式，腓力对她几乎是一见钟情，不久两人便相恋了。

公元前 357 年的秋天，腓力将这位伊庇鲁斯的公主娶回，后来还为她改名为奥林匹娅斯，希望她能为他生下男孩作为王位继承人，因为他的前几位妻子均未生育子女便去世了。

不久，奥林匹娅斯果然怀孕了。传说有一天晚上，她梦见有大火从她全身烧过，并且继续燃烧整个大地，突然间，她好像被闪电击中……此后不久她便得孕了。也有传

说，腓力在婚后曾梦到一头状似狮子的猛兽，穿入奥林匹娅斯的体内。腓力的长子，亚历山大便于公元前356年7月20日出生了。那一天，腓力刚占领一个大城邦，正要班师凯旋，得到儿子出生的喜讯，全军立即高声欢呼，认为在胜利的捷报中诞生的王子，必然是马其顿未来的希望。

希腊是个充满神话的国家，人们崇拜各式各样的神祇。奥林匹娅斯家族的信仰与马其顿人相似，他们也会选一位神当作祖先来祭祀及崇拜。奥林匹娅斯家认定半人半神的希腊英雄阿喀琉斯是他们的祖先，也就是《伊利亚特》史诗中那位参加了特洛伊战争的半神英雄。

奥林匹娅斯嫁到马其顿来，见马其顿人民对神的信仰入迷，就也在佩拉宫里每天虔诚地祭拜这些神祇。后来亚历山大受她影响，也和她一样，无一日间断地祭奉神明，尤其崇拜宙斯。狂热的宗教信仰使王后的脾气很情绪化，有时莫测高深，有时甚至有点暴力倾向。

她也热衷追随酒神狄俄尼索斯。希腊人认为葡萄藤是酒神的化身，那种年复一年的冬枯夏荣，象征着酒神狄俄尼索斯永恒的生命，所以希腊人每年都会为酒神举办狂欢节。而且，古希腊人还会为节日准备悲剧作品和音乐舞蹈，为了让这些表演更完美，经常借用酒神的威力，无形中酒神成了文学、艺术创作的动力。

在酒神的祭祀上，奥林匹娅斯经常做主祭，还要玩长蛇，这些蛇通常躲在妇女的衣裙边，猛地伸出头来吓坏不少人。

奥林匹娅斯对宗教的崇拜，有时甚至达到疯狂的程度，使人受不了，因此引起不少人的反感。她对那些反对她的人摆出恶妇的姿态，为了剪除异己绝不手软。

后来，腓力和奥林匹娅斯又生下一个女儿，名叫克里奥帕特拉。而腓力虽然已经结婚，还经常在外寻欢作乐，使奥林匹娅斯心生怨恨，夫妻间关系开始恶化，最后变得相互漠不关心，形同路人。因遭受丈夫的冷落，深爱儿子的奥林匹娅斯竟认定，众神之王的宙斯才配当她爱子的父亲。私底下，亚历山大似乎也深信自己“有神圣的来源”，这种神化的出身，令他将会有一番超乎凡人的作为。

奥林匹娅斯的性情虽有些古怪，但她全心全意地疼爱亚历山大，并决心培养他成为王位继承人。年轻的亚历山大并非佩拉宫里唯一的王子，因为腓力前前后后有七位妻子，一共生了好几个儿子，这些同父异母的王子都是王位的竞争者。

亚历山大自始至终和他的母亲非常亲近，母亲的教养影响了他一辈子。在亚历山大远征非洲及亚洲后，母子间仍维持着书信来往。他们的信中时常有热切的关怀，也经常有理性的争论，正反映了他们母子早年在马其顿时的相处方式。

亚历山大远征时，将马其顿的内政交给副将安提帕特管理。奥林匹娅斯和安提帕特常起争执，在亚历山大看来，有时也不免埋怨母亲干涉国家大事。可是，有一次，安提帕特实在受不了奥林匹娅斯的多事，写信向亚历山大报告，亚历山大大声咆哮："我母亲的一滴眼泪，可抹杀掉一万封这样无聊的信。"

善妒的奥林匹娅斯怕失去儿子对她的孝心，建议儿子说："我希望你用普通的方式奖赏你所喜欢和有功劳的部下，别把他们都捧为天神了……”

亚历山大从不忘对母亲尽孝，每每在战场获得战利品，便差人送给他的母亲及妹妹克里奥帕特拉，其中有漂亮的紫色丝带、绸缎衣裙、餐具、酒杯等，很得她们的欢心。亚历山大常年在外作战，生死难卜，母亲和妹妹都会轮流不断地祈求众神保佑他的平安。母子及兄妹间的感情可说相当深厚。

浅水藏不住飞龙

宫廷里的生活多彩多姿，亚历山大常有机会见到希腊各地来的访客，以及小亚细亚、埃及、波斯等地派来的使节。因为常和这些贵宾接触，受他们的影响，使他举止有礼，气质高贵，也学到了许多外国地理常识。

公元前 4 世纪中期，腓力二世已完成马其顿的统一大业，南方的色萨利和东北方的色雷斯也划入版图。公元前 347 年的某一天，腓力二世正在佩拉宫大摆筵席，接待希腊各地派来的使节，他们都希望能与马其顿和平共处，并缔结希腊联盟，一致对付他们共同的敌人波斯。参加筵席的宾客都酒足饭饱，上演余兴节目时，腓力让亚历山大来娱乐嘉宾。小王子不慌不忙地上场，优雅地弹奏了弦琴，纯熟得像个职业演奏家，还朗诵了诗歌篇章，并与另几位大他许多的男孩进行了辩论，滔滔不绝的雄辩才华令这些高傲的使节当场喝彩起来。其实，这本来就是腓力的用意，让亚历山大在众人面前露一两手，亚历山大未辱父命，令腓力得意非凡。

公元前344年，腓力的一位朋友花重金为他买了一匹昂贵的纯种骏马，名叫布西发拉斯。那马浑身黑得发亮，昂首嘶鸣时神态不凡，只是性情暴烈，还没有一个人能将它驾驭。宫里的驯马师将布西发拉斯带到腓力面前，它暴躁而古怪的性格，令腓力大为光火，决定派人将它送走。站在一旁的亚历山大急忙大声阻止："这么好的一匹骏马！难道就没有人有法子驯服它吗？还是没胆去驯服它？"

腓力好奇地问儿子："难道你比那些驯马师更懂驯马？"

亚历山大不假思索地说："对付这匹马，我比他

们强！”

“如果你驯服不了，就是说了大话，你愿为此受罚吗？”腓力警告他。

“是的！那就由我来付买马的钱！”亚历山大倔强而大胆地说。

在场的人哄堂大笑起来。

无视人们的起哄，亚历山大径自走向布西发拉斯，他已经注意到，这匹马老是在躲避自己的影子。他小心地握住缰绳，慢慢地将马头转向，使马的眼睛正对着太阳。这样一来，马便看不到自己的影子了。接着，亚历山大迅速将身上的斗篷往地上一甩，出其不意地纵身跃上马背。不远处，腓力与他的禁卫军一直屏息旁观，直到亚历山大逐渐将蹦跳狂奔的马控制住了，又徐徐地骑着它转回来，众人才猛地反应过来，热烈鼓起掌。腓力大为高兴，心中以儿子为荣，还悄悄地拭去了兴奋的眼泪。

当亚历山大纵身跳下马背，腓力拥抱住他，并亲吻他的面颊，大胆地预言：“儿啊！你必须找一个大到可容下你远大志向的王国，马其顿对你而言实在太小了！”

谁是万兽之王?

在古希腊，猎狮算是贵族们最感兴趣的一种休闲活动。有史以来，不论埃及还是波斯，这些古老国家的帝王都将万兽之王的狮子当作厉害的对手。打败狮子的人，不但征服了万兽之王，同时也有资格当千万人的领袖。猎狮成功即表示已拥有帝王的气魄，这种想法也在亚历山大的心里滋生着。

有一次，亚历山大带着他的近卫去狩猎，同行的贵族中有一位斯巴达来的使节。斯巴达的军人一直被希腊各城邦公认为最强壮善战的勇士，这位斯巴达的使节仿佛怕人不知道这一点似的，一路上喋喋不休地对旁人说："咱们斯巴达军人作战时，冲锋号角还没吹完，敌人就举白旗投降了。"

亚历山大听在耳里，心里暗暗嘀咕："哼！少吹牛，我才不信呢！待会儿一定要让你好好瞧瞧，马其顿人和斯巴达人到底谁更厉害。"

那天的狩猎非常乏味，没碰到值得一谈的惊险场面，直到黄昏时候……

一只凶猛的雄狮隐没在浓密的草丛中，正无声无息地盯着亚历山大一行人。突然，雄狮一声怒吼跃出草丛，作势要扑向它的猎物，侍卫和使节们看清楚面前的狮子时，吓得全都僵在原地。刹那间，只见亚历山大手持长矛挡在雄狮面前，怒目圆睁地盯着雄狮。雄狮一声咆哮，四肢一发力，跳起来扑向亚历山大。亚历山大毫不胆怯，将长矛对准雄狮的喉咙，全力刺了上去。只见张着血盆大口的狮子扑下的瞬间，长矛已刺穿雄狮的喉咙，但雄狮落下的余势和利爪仍让亚历山大身陷险境，看得那些侍卫发出一阵惊呼，个个为亚历山大捏一把冷汗。说时迟，那时快，亚历山大一个俯身，矫健地从狮子的利吻和铁爪下滚出，再一个翻身站了起来，拔出腰间的短剑，闪电般刺向雄狮的心脏，就在迅雷不及掩耳的时间里，亚历山大已将雄狮扳倒在地上了。

等侍卫们明白过来是怎么回事时，众人响起一阵欢呼，他们将亚历山大高高抬起，举在空中庆贺。他们为王子亚历山大的镇静强健、英勇矫捷，以及无双的猎狮技巧感到无比自豪。

刚刚发生这惊险的一幕时，斯巴达的使节还在暗中算计如何逃过雄狮的劫难，想不到这个年纪轻轻的小王子三两下就摆平了雄狮，斯巴达的武士恐怕没有一个及得上亚历山大。想到此，斯巴达的使节对亚历山大由衷赞佩地说："亚历山大啊，你英勇地和这头猛狮搏斗，几下子就降服了它，你才算得上是山林中的大王啊！"

这个使节回国后，给斯巴达人带回一个讯息：要是那个一身是胆的小王子将来当了马其顿的国王，绝不可以正面跟马其顿争锋，但也不可与他们合作。后来，希腊联盟缔结成功，唯有斯巴达不加入，但他们始终也不敢和马其顿作对。

严师出高徒

在华丽的佩拉宫，亚历山大度过了他的童年。佩拉宫处处都有精美的壁画、雕刻，还有环境优美的花园。他从出生到七岁前，完全由他的保姆赫拉妮斯照顾，她是王家禁卫军骑兵队队长克雷塔斯的妹妹。亚历山大七岁时，该受教育了，便离开他的保姆，由底比斯才女杜波菲娅担任他的启蒙老师。

在早期的学习时光里，亚历山大显露出对艺术的爱好。他成年后对音乐家、演员、画家及文学家都很尊敬，对他们的赏赐也特别大方。亚历山大也喜欢读名家的悲剧作品，而且能背诵一些剧本。据说有一次，亚历山大一边弹弦琴，一边以清亮的童音唱和，但是父亲腓力很不喜欢他尖着嗓子唱歌，批评他堂堂男子汉不应如此唱歌。从此以后，再也没有人听过他唱歌了。

亚历山大的长相与众不同，最特殊的是他的头发。一般希腊人的头发颜色是深褐或黑色，而且十分鬈曲浓密，亚历山大的头发色泽较淡，鬈发成波浪形，很有飘逸感，说他俊美绝不为过。他的两眼炯炯有神，常凝望远方，仿佛对未知的世界有无限的渴望，想尽情地探索。

当亚历山大渐渐长大，学习的内容越来越深广，便由亚里士多德传授文、史、数、理方面的知识。而作为一个王位继承人，武术的技能也不可缺少。亚历山大年少时即展露对运动的爱好，他使用短剑、长刀、长矛以及弓箭射击的技巧，均高人一等。亚历山大也擅长长跑，从未遇到对手，曾被邀请参加奥林匹克大赛，但他有点不屑地说：“除非有其他国王和我一起比，要不然，我不会参加。”他的驯马术及骑术更是有口皆碑。

从孩提时期起，亚历山大就喜欢荷马史诗《伊利亚特》和《奥德赛》，并且从这些战争神话、英雄故事中得到精神滋养。等他长大后，他常幻想自己是阿喀琉斯，希腊最著名的英雄。他一直坚信阿喀琉斯是他母系族人的祖先，恨不得自己是阿喀琉斯的轮回再世，只要有机会，他都毫无保留地表达对阿喀琉斯的尊崇。亚历山大曾在刚即位后不久，就趁着出征到小亚细亚之机，到阿喀琉斯的坟上祭拜。如果仔细将他们两人比较一下，也确实有许许多多的相似之处：两人都有天神之子的传说；两人都有一辈子亲密的好友，不幸的是好友都在他们之前死亡；两人先后率领希腊军获得胜利；两人都想长生不老，却不幸都英年早逝。

初露锋芒

亚历山大跟着亚里士多德在米埃扎学习的三年半中，

腓力正忙着扩张马其顿的版图，这些军事行动使希腊各城邦间的关系越来越恶化，雅典人成为反马其顿的中坚力量，联合底比斯与其他城邦组成了“反马其顿联盟”，甚至接受希腊的宿仇波斯的献金来对抗马其顿。

腓力明知道拜占庭也与雅典联盟，仍向拜占庭提议联合起来对付雅典，拜占庭断然拒绝。这给了腓力一个借口，决定动用大军去攻打拜占庭。临行前，他不得不将马其顿的政务托付给他所能信任的人。公元前 340 年，十六岁的亚历山大被父亲从米埃扎招来，让他当马其顿的摄政。此事正中亚历山大的下怀，他盼望这个职位好久了。这样一来，他毫无疑问地成了王位继承人。

腓力出征拜占庭没多久，马其顿北部边境的一些部落趁机叛变，威胁该地区的补给路线。亚历山大立刻出兵，保卫国土，及时平定了叛乱。早在两年前，亚历山大就已跟随国王征战，学到一些指挥统御的才能，所以这次军事行动对他来说只是牛刀小试。他的军队很快就攻进了叛乱的城市，驱散了当地人，重新组织移民，占领他们的城市，并将新城作为马其顿的外围卫星城，取名为亚历山大波利斯。日后他还建立了许多新城，均以他的名字命名，显出他好大喜功的一面。

腓力非常满意亚历山大的军事表现，晋升他为将军。从此，父子二人并肩在战场作战，将马其顿的势力再度向北扩张。有次征战，腓力受伤倒地，年轻的亚历山大用他的盾守护着父亲，拼命杀死攻击过来的敌人，救出腓力国王。

从亚历山大与他父亲的相处情况来看，常能让人感受到他们父子间的深情。有时腓力遭人批评，亚历山大便会为父王辩护，认为国王与众不同，应该获得尊敬而不得批评。他不但仰慕父王，也学习父王带兵、行政、治国的方式，想办法赶上、超越父王。在亚历山大孩提时，他曾说："每次我想要做什么，父王就先下手了，搞得这个世界没剩下什么可做的了！"

腓力国王也以有个早熟的儿子为荣，加上儿子面目俊秀、体格壮伟、知识丰富、机智聪颖，更使他对儿子宠爱有加，全心全意地交予重任，巴不得他出人头地，成才成龙。所以当人们戏称亚历山大为国王、他为将军时，腓力不但不生气，还沾沾自喜呢！不过父子之间，也有关系紧张的时候。腓力的一娶再娶引起亚历山大的母亲奥林匹娅斯的不满，总站在母亲那一边的亚历山大不止一次对父亲口吐怨言，有时甚至拒绝承认腓力是他的父亲。

攻克雅典

公元前339年的夏天，腓力出其不意地进攻希腊中部，想要将反马其顿的联盟打垮。雅典人准备抵抗，招募了一万名强壮佣兵。腓力在夜间发动攻击，乘其不备将佣兵联军打垮。

雅典的佣兵联军只得向南退守，但他们仍有两千名强壮的骑兵与马其顿不相上下；步兵方面，雅典联军则比腓力多出五千名士兵。公元前338年8月2日清晨，双方展开一场希腊史上最重要的战争。

双方一交手，马其顿右翼的步兵即假装后退，雅典军左翼被骗而攻向敌阵，亚历山大所率领的一队骑兵精英，从侧面切断雅典联军左右翼之间的阵线，瞬间，腓

力的右翼军队转回头来，用典型的马其顿长矛阵攻打联军。亚历山大的第二波骑兵凶悍无比，将雅典骑兵团打得四处窜逃，骑兵败退后，其余的联军便跟着逃向各地了。

腓力得胜后，决定宽待雅典联军，希望双方能够化解纷争。因此，雅典的两千名战俘未付分文赎金即被送回去，还有一千名阵亡战士的骨灰，也由亚历山大亲自送回雅典。腓力打算统一希腊，建立同盟，再向波斯用兵。

9月初，腓力在雅典附近召开一项和平会议，南方的各个城邦除了斯巴达外，全参加了。会中组成“希腊联盟”，选马其顿的腓力王为希腊联军的最高统帅，并决定由马其顿主导远征波斯的战事。换句话说，希腊各城邦听命于马其顿，马其顿的国王完全统治了希腊。

先安内后攘外

在公元前359年腓力继承马其顿王位时，他所接收的军队简直是一支残弱不堪又毫无纪律的队伍。这个新领导看出了毛病，将军队的阵容重新编排，并装备起最好的武器，时常操练，做体能竞技。几个月下来，他的军队纪律和士气有了明显的进步。

腓力国王不断发动军事行动，扩张版图，为马其顿奠下雄厚的基础。战争搜刮来的钱财全用在军队上，俘虏来的敌人被送到乡下农村去耕田，这样，马其顿人就可全心全意上战场而不必担心农事。马其顿很快就发展出一支强大而专业化的军队。

马其顿不断扩充军力，步兵由一万增加到两万四千，并配有最新式的武器。其中，最主要的一种武器是由特长的山茱萸木杆做成的，尖头上还加了铁铸的尖刀。这些步兵集合起来，每十六个营组成一个方阵，每一营是二百五十六人，作战时每个营排成纵横各十六人的方形队伍。这些步兵手持长矛和盾牌，形成无法渗透的铜墙铁壁，向敌人节节逼近，口中喊着“阿拉拉拉！来了！”的口号，声势吓人，威力无穷。在平地作战时，马其顿的方阵更加所向无敌。

腓力在位的末期，将骑兵的数量扩大了好几倍，其中两千名轻骑兵头戴圆盔身着轻便的盔甲，装备有尖刀的标枪，常被派出去当侦察兵。侦察兵在古代是很重要的一支队伍。军队里也雇用一批工程师，专门研究进攻城池的新机械。许多坚固的城池，便是凭借工程师们的新发明而轻易得手。这些跟随在父王身边学习的日子，对日后亚历山大东征，具有极大的意义。指挥一支庞大的军队，必须要有详尽的计划和战略，腓力的言传身教使他的儿子很早便具备了征服世界的本领。

父母间不和

腓力在各地东征、西讨，征服了希腊各城邦之后，回到了马其顿。第二年初他向波斯宣战，同一年他爱上了克丽欧佩特拉，她是马其顿贵族阿特鲁斯的侄女。没多久，腓力便娶她为妻，希望她能再生几个王子。

阿特鲁斯攀上了王亲，一家人的地位也跟着水涨船高。亚历山大立刻感到王位的继承权受到威胁，愤怒地口出怨言："难道我是一名私生子吗？"要求父王腓力给个满意的答复。奥林匹娅斯也看不惯腓力一娶再娶，父子之间、夫妻之间都产生了极大的隔阂，亚历山大毅然带着母亲和一批亲密的朋友离开王宫，直奔西南边界，回到了母亲的家乡。

奥林匹娅斯的哥哥当时是一个小城邦的国王，奥林匹娅斯便客居在哥哥的宫中，亚历山大则选择前往北边的伊利瑞亚。这个地区一向不服腓力的政权，亚历山大的用意就是要给父王一点忠告，期望他别再一意孤行，如果父子关系不改善，如果不善待他的母亲，连腓力的统治都会受到威胁，更别谈要实现出征波斯的大计了。

直到第二年，父子间的僵局才终于打破，亚历山大和奥林匹娅斯被召回佩拉宫，恢复了地位。

乐极生悲

先前奥林匹娅斯出走家乡时，腓力得罪了她的亲族，为了与之重修旧好，腓力决定将亚历山大的妹妹嫁给奥林匹娅斯的弟弟。在女儿的婚礼上，腓力为联姻带来的利益而洋洋得意，命人抬入十二座奥林匹克众神雕像，紧接着是腓力自己的雕像，可就在腓力大摇大摆地进场的那一

刻，腓力的贴身侍卫突然拿出一把短剑，猛地刺向腓力，腓力当场殒命。

“啊！有刺客！”混乱中有人大喊。

“快，快追！”三名侍卫去追捕刺客，刺客还没跑到城门，就被追捕的侍卫们杀死了。

腓力被刺的消息传遍各地，南、北边境的邻国马上爆发叛乱。这时，不管何人出任马其顿新王，平定叛乱变成刻不容缓的事。当时年仅二十岁的亚历山大已有王者的气魄，凭借出众的才能赢得马其顿精锐部队将领们的尊敬和信任，自然就被拥立为王。

亚历山大就任为马其顿王的第一桩事，便是调查父王遇刺一事。腓力被谋杀的内情并不明朗，无可避免地引发各方议论，很多迹象把矛头指向奥林匹娅斯，因为腓力曾公然羞辱过她，而且腓力死后，她受惠最多，她的儿子还成了王位继承人。甚至有人怀疑亚历山大也脱不了干系，但弑父罪在希腊是罪大恶极的，而且弑父行为也与亚历山大坦率的性格并不相符。

贴身侍卫为什么会犯下滔天大罪呢？有人解释为一时

冲动，因为腓力刚起用一个年轻人，这令原来的侍卫觉得不再受重用，于是有此鲁莽之举。而且现场的各种迹象表明，刺客一定另有同谋，除非能将同谋一一揪出，否则亚历山大的性命也会受到威胁。因此亚历山大借此机会，一举剪除所有不忠而有野心的人，株连了许多人。像阿特鲁斯和他的侄女，即腓力新娶的王妃，和她的儿子，还有亚历山大的堂兄，这些都是亚历山大继承王位的劲敌。亚历山大这样做是为了巩固自己的王位，并确保马其顿局势的安定。

腓力的葬礼由亚历山大亲自主持，场面极为隆重庄严。当时不但举国哀悼，甚至颁定每年有固定的纪念日。直到多年以后，亚历山大在征服波斯后祭告父魂，亲口告慰在天的亡父，他完成了父亲的遗愿。

2. 东　征

希腊的君王

亚历山大一料理完父王腓力的丧事，便着手整顿马其顿。首先，他必须维持马其顿的武力，于是他免除百姓的农事，让他们专心作战。其次，他将以前被父王放逐的朋友请回来，让他们担任新政府的重要职位，大家同心协力、励精图治，将国内安定下来。原来臣服的希腊城邦知道老国王去世了，马其顿正由一个没有经验的年轻国君统治，于是开始拒绝服从马其顿，纷纷反叛作乱。他们不知道马其顿的这位新王，虽然年轻，却比他的父亲更英明果断，更有军事才干和外交手腕。色萨利刚露出反叛的风声，亚历山大便以迅雷不及掩耳的速度挥师南下，不费吹灰之力平服叛乱，色萨利人吓得马上选举亚历山大作终身执政长官。

亚历山大不听左右劝阻，一鼓作气继续领军南下。本来希腊南方各城邦一听老国王死了，都兴高采烈地庆祝，但是没想到亚历山大的大军迅速逼近，他们惊恐万状，纷纷派使节前来求和，只剩下斯巴达和底比斯等少数城邦仍不合作。但等兵临城下时，所有抵抗立刻瓦解，不到两个月，亚历山大便奠定了他在希腊各城邦间的统治地位。

为了更突显自己的地位，他迫使各城邦承认他是腓力的继承人，并正式推举他为“希腊联军的最高统帅”，准备第二年发动对波斯的战争。只有斯巴达仍暗中勾结波斯，拒绝承认亚历山大的领袖地位，声称希腊军的最高统帅应由斯巴达人来担任。

在希腊南部各城邦大致平定后，亚历山大便在公元前336年的冬天留在马其顿练兵。到了第二年春天，他将马其顿交给最信任的安提帕特管理，准备将威胁北方的最后一点残余势力彻底清除。亚历山大侦察到色雷斯军的战车队控制了高地，一旦战车冲下高地，会造成极大的伤亡。他运用才智，下达命令说：“在平地上的步兵左右分开，

让战车通过；在峡谷中无法散开的步兵则趴在地上，互相将盾牌交叉盖住，以形成龟甲状，让战车从上面辗过，等战车一过，再站起来攻敌人的背后。”果不出所料，当敌人的战车冲过来时，并没有起到作用，马其顿军轻易破了敌人的战车阵。

当亚历山大抵达伊斯特河时，敌人已在河的北岸聚集了重兵防守。这一仗，亚历山大运用奇招，命部下在夜晚将帐篷拆下，塞满干草当作皮筏。士兵们乘着浮起的帐篷皮筏渡河，趁着天没大亮就发动偷袭，轻松地把敌军歼灭于梦中。

不久，传来西边国界有动乱的消息。原来又是腓力的宿敌伊利瑞亚和另外一些城邦结盟，想要联合起来造反。亚历山大迅速回师向西，攻破敌人重兵把守的山头碉堡，虽遭到敌军夹击，马其顿军仍能以少胜多，将敌军杀得片甲不留。伊利瑞亚等国从此不敢再有反叛的企图了。

亚历山大东征西讨的几个月里，希腊各城邦又酝酿着要反叛他。这时，波斯的新王大流士资助雅典里面反马其顿的一批雄辩家，制造许多事端，甚至传出谣言，说亚历山大和他的军队在北方作战时全死光了。这个假消息像风一样传遍了希腊，各地马上开始叛乱了。底比斯人随风起浪，决定加入雅典和波斯的阵营，不服马其顿的统治。

得讯的亚历山大别无选择，立刻将他疲惫的军队以惊人的速度，在十三天之内从北方急行数百公里到达底比斯。在劝降被拒绝后，立即封锁底比斯通往雅典的道路，并使用云梯攻城。底比斯城内的守军得不到雅典的外援，又禁不起亚历山大军队的猛攻，城池很快就被攻破，六千名守军全被杀害，两万多名平民沦为奴隶，底比斯城被夷为平地。

底比斯的城毁人亡发挥了强大的威慑力，使雅典人再度陷入恐慌与震撼，生怕他们的家园也会遭殃。令雅典人相当意外的是，亚历山大在对待雅典的问题时，非常宽容。也许因为这里是希腊最重要的民主发源地，他不愿当雅典的暴君。总之，雅典逃过一劫，全希腊因此也稳定了下来。亚历山大再度回到马其顿，为远征波斯做最后准备。

亚历山大在二十岁便继承王位，他身边有许多为他效命的重要人物，其中包括一些跟随过他父亲的老臣。他曾对帕曼纽说：“帕曼纽叔叔，您曾与我父亲并肩作战，我仍封您为将军。”

“我老了，怕不中用了。”帕曼纽想婉拒。

“不要客气，您有能力，有经验，一点也不老，我需要您的支持，才能得到其他元老、贵族的赞同，同时，我也想请您的几个儿子担任重要的职位。”

另外，他特别器重安提帕特。安提帕特是他的老同学，在他离开马其顿时，总将治理权托付给安提帕特。其他还有外号独眼大将军的安提柯，以及骑兵统帅克雷塔斯。

但亚历山大最信任的人还是他的好朋友，赫菲斯提昂和克拉特拉斯。帕曼纽将军死后，克拉特拉斯变成了第二统帅。另外他提拔哈帕拉斯做王宫财务大臣，尼阿卡斯当禁卫军统帅及海军元帅，还有哲学家高力行担任王室的编史家。亚历山大和赫菲斯提昂从小形影不离，关系相当密切，他常说：“赫菲斯提昂，我是阿喀琉斯，你是帕特洛克罗斯，我俩永远做好朋友、好兄弟。”①

波斯帝国的崛起

波斯在公元前五六世纪即已建立庞大的帝国，东起阿富汗，西至希腊，北界里海及黑海一带，南邻北非，版图十分辽阔。波斯帝国的政治中心波斯波利斯，宫殿修建得金碧辉煌，波斯王作为当时世上最富有的帝王之一，统治数百万人民。

波斯王朝为居鲁士大帝在公元前 550 年建立的，他在位整整二十一年之久。继任者大流士一世开始入侵希腊，却于公元前 490 年败于希腊马拉松战役，此后，在你来我往的争战中，双方互有胜负。有一次，波斯在一场海战中失败了，只好将西边大片领土割让给希腊，疆界后退到地中海东岸。亚历山大的父亲腓力崛起马其顿时，就是在这片土地上。这时，波斯暗中资助希腊反抗马其顿，就是为了夺回原有的领土。

① 阿喀琉斯与帕特洛克罗斯是好朋友，当帕特洛克罗斯作战手臂受伤时，阿喀琉斯会亲自为他包扎伤口。

这期间波斯帝国的国王和王储，接连遭到大臣巴古阿的暗杀，波斯王室成员凋零殆尽，结果一个贵族被拥为国王，成了大流士三世。这位国王已四十多岁，一心想要重振帝国气象，只是他偏听偏信，事到临头又缺乏勇气，在军事上的判断力奇差，对抵御亚历山大的侵犯束手无策。但大流士毕竟是个高明的政客，他上台后第一件事，便是将恶臣巴古阿处死。

波斯帝国的版图辽阔，但地方政府很有效率。波斯过去吞并的小国仍保留原来的行政制度，只不过将首领，不论是国王、法老，还是酋长，换成由波斯大王所指派的总督，原来的权力结构以及官僚体制都维持原状，易于波斯对当地的统治，派任的总督只管收取税金及搜罗各地的进贡品。

亚历山大对波斯这一套管理方法甚为佩服，因为，每一个地方都有各色人种混居，本来就不好管理，但是波斯用一个权力中心，便能牢牢地控制。后来他当了波斯大王，便毫不犹疑地采用了“波斯式”的管理方法，这套方法比“希腊式”更有效而且可靠。

登陆小亚细亚

公元前334年，亚历山大发动了攻打波斯的战役。他率领希腊联军的三万名步兵、五千名骑兵向东进军，行军二十天后渡过赫勒斯滂海峡，登陆小亚细亚。从此以后，亚历山大走上了东征的不归路，再也没回过欧洲了。一踏上小亚细亚的土地，他将长矛插在地上向天默语："这块土地是我的了！"

第一桩事，亚历山大领着一小队人马到特洛伊，向眷顾此城的女神雅典娜拜祭。亚历山大由他亲密的朋友赫菲斯提昂陪同，祭拜了他自认为祖先的希腊英雄阿喀琉斯的坟墓，还在坟上献了花。他一向将自己比作阿喀琉斯，把古希腊神话中各英雄事迹，和他自己的光辉事迹相提并论。赫菲斯提昂也在阿喀琉斯的好朋友帕特洛克罗斯的坟上献花。

这年的5月，亚历山大的队伍和希腊联军的主力会合。他下令大军向东边格拉尼卡斯河前进，他探知波斯大军由贵族将领统率，等候在河的对岸。经验老到的帕曼

纽认为不应在这样一个困难的地点发动攻击，亚历山大不服气地说："我要是被这么一条小小的河困住，那才丢脸死了。"

才说完，他便率先骑着他的爱驹布西发拉斯跳进河去，坚持要进攻，身后跟着精锐的骑兵队。步兵则绕到河的下游，随后渡河。

帕曼纽将军奉命将他的军队部署在左翼，而他的儿子菲罗塔斯则在最右边，亚历山大穿着光辉夺目的盔甲，头上戴着插有两支白翎毛的头盔，领头立马在中间方阵大军的最前线左右来回奔跑，但常常停在左翼，诱使波斯兵以为左翼是主力。对岸有两万名波斯骑兵等着他们，尽管波斯的骑兵数目远超过马其顿军，但他们的布阵错误百出，他们误以为只要对付左边的亚历山大就行了，于是把主力集中在那边，却暴露出中央军力的空虚。

亚历山大的大军一直静待时机，突然军号齐鸣、喊声大作，大军全力冲杀。首先，侦骑队将波斯军右翼的大军钳制住，接着亚历山大率领精锐骑兵从右边攻打敌人的左军。初时战事胶着，没多久，过了河岸的马其顿步兵援军又从左边赶到，只一会儿，便将波斯军队团团围住了。这一仗，马其顿兵损失得非常少，而波斯则死伤了千余人，若不是亚历山大命令不可追杀逃兵，敌人的死伤人数还不止这些。战役完毕，亚历山大送两千名波斯俘虏回马其顿充当奴隶，送三百套波斯盔甲到雅典，祭奉雅典娜女神，并附献词："献上从波斯人手中俘获的战利品。腓力之子、全希腊除斯巴达外的国王亚历山大敬献。"

马其顿在格拉尼卡斯河打胜仗的消息很快传开，一路上各座城市望风投降，有些地方甚至将亚历山大的军队当王师般欢迎，庆祝从此脱离波斯的统治，这些城市依然行民主制度，并免除向朝廷进贡，沿用原来的法律。于是他们成为远征军的补给站，只三个月的时间，小亚细亚沿海一带全被马其顿军占领了。停在海湾外的波斯船舰，一点也没发挥作用。

为节省开销，亚历山大决定解散小型舰队，只保留二十艘雅典船运输武器。到了那年秋天，希腊军占领了波斯在小亚细亚最后的一个海军基地，亚历山大马上任命这个海军基地以前的女王阿达为总督，而且和阿达建立了良好的关系。阿达收亚历山大为养子，此后，他便一直以“母亲”称呼她。

这年冬天，亚历山大让所有新婚的士兵回马其顿与家人团圆，到第二年的春天再归队。自从占领沿海的海军基地后，原先占优势的波斯海军一蹶不振，再也不敢来骚扰了。第二年的春天，那些返乡的军人不但全回来了，还多招募了几千名士兵加入行列，可见亚历山大深得马其顿人心。他高兴极了，继续向高地亚开拔。

智解“高地亚绳结”

在高地亚当地，流传着一个预言，据说百年前有一位高地亚国王，他将一辆牛车当作祭品，准备供奉给殿里的宙斯神。可国王为了拴牢这部牛车，打了一个纠缠复杂的绳结，宙斯没能解开绳结，大为生气，便经常在该地降下旱灾。有预言说，谁能解开这复杂的高地亚绳结，谁就是亚细亚的统治者。

一百多年来，许许多多的人爬上神殿，试图解开绳结，结果连绳结的头和尾都找不到，他们毫无头绪，更别说去解开它了，白白浪费工夫，纷纷失望地下山了。公元前 333 年，二十三岁的亚历山大来到高地亚。自他出师以来运气很好，从没打过败仗，他想证明给他的军队和敌人看，他的这次东征一定会顺畅无阻，成功而返。性急的亚历山大当然听说有绳结这回事，他跃跃欲试，想开开眼界碰碰这个奇妙的结。他爬上神殿，身后跟着一群好奇、看热闹的马其顿人和当地人，他们倒想看看亚历山大焦头烂额解不开绳结的窘态。

亚历山大将绳结看清楚了，明白这是一团乱麻，实在不知该如何下手，又怕在众目睽睽下丢脸，急得满头大汗，正在进退为难的时候，突然有了个好主意，他退后一步大声说："别管我用什么方法，只要我能解开就得了！"

猛然，他抽出佩剑，全力挥砍下去，就此一斩，绳结顿时断开。

这天夜里，上天有灵，狂风、暴雨、雷电交加，在这久旱的地方，人们异常兴奋且深深相信，宙斯一定极为高兴，高地亚绳结终于由一位智者解开了，人民不必再受苦了。

首败大流士

大军会合后，亚历山大下令从高地亚大举南下，穿越连绵不绝的山脉，抵达山下宽广富庶的平原。不久，他发高烧生了一场大病，医生担心他的病情，他却不顾一切地发动了一次快速的军事行动，制服了原来占领山脚的地方军。在东行的途中，他得知大流士已从京城率军前来，就扎营在叙利亚关口。这关口离亚历山大的军队只有两天的路程，亚历山大终于要和这位波斯大王在战场上兵刃相见了。

大流士从巴比伦聚集了六十万大军，换言之，波斯兵力比希腊多十倍，而且波斯军队已占据地利。那一望无际的叙利亚平原，正好让波斯军摆开大阵，准备迎战希腊联军。亚历山大的军队赶了两天的路到了叙利亚的一个海湾，可惜来晚了，大流士已命令他的军队向北走，因此两军一在山南一在山北，刚好错过。

途中，波斯军还行经一个希腊军的野战医院，残酷地杀害了所有受伤的士兵，一小部分军医逃了出来，向亚历山大报告，他极为震怒，立即调转大军朝大流士所在地进发。

第二天清晨，亚历山大的军队到达山脉和海岸之间一块被叫作伊萨斯的狭小平原时，与波斯大军狭路相逢了，这样一来，数量上占优势的波斯军无法展开队形，便毫无优势可言了。

当两军接近时，朝阳照着亚历山大骑着骏马、在阵前来回飞驰的身影，他口中高声喊着："我们要做个堂堂正正的男子汉，为马其顿及希腊同胞报仇。普罗卡大队长，你要率领骑兵巡逻队快速向前；安提欧中队长和阿塔拉中队长，你们要率领弓箭手攻占前面那些小山；至于西塔斯大队长，你一向英勇无比，身为你的大王，我特别器重你；潘托达小队长，上次作战你立了大功，这一次更要看你的啦！"

亚历山大在紧要关头，总是能准确地喊出指挥官或其他有功绩的人的姓名，这种卓越的领导才干无形中鼓舞了士气。

说完，亚历山大骑着布西发拉斯，领头冲进敌阵，去追赶躲在佣兵后面指挥的大流士。大流士站在他的战车上，四周由他的精英侍卫保护着。看到神勇的亚历山大越追越近，大流士心惊胆战怕得要命，只顾着自己落荒逃跑，波斯大军顿时群龙无首，乱成一团。希腊军终告大捷，这时是公元前333年11月。

亚历山大虽在混战中受了刀伤，但战事结束后，他仍然先去探望受伤的士兵，和他们互相比较伤势，慷慨激昂地描述大家厮杀的英勇。对死亡的战士，他立即派人妥善安葬。他住进了大流士行军时搭建的行宫，这行宫不但有值钱的财宝，还有波斯大王的女眷们，大流士自己逃得无影无踪，就连王后、家人都来不及带上。

亚历山大在行宫休息时，听到另一个房中有女子哭声，便偕赫菲斯提昂一同去看个究竟。大流士的母亲见赫菲斯提昂高大且英俊，以为是亚历山大，便下跪行礼，旁边的人连忙纠正，她吓得要死，亚历山大将她扶起，一点也不生气，并指着赫菲斯提昂说："他也是亚历山大，因为'亚历山大'是人类的保护者。我们到这里来是为了保护你们，绝不会加害你们的。"

海陆大战提尔岛

伊苏斯战后，亚历山大并没有向东追杀大流士，而是率领他的军队沿着海岸向南行。到了腓尼基，腓尼基人大开城门欢迎马其顿军。在远处的提尔城邦，也派使者来接洽，表示愿遵守亚历山大的命令。亚历山大想试探一下提尔人的忠诚度，提出要在提尔城主持祭祀赫丘力士神的典礼，但提尔人说他们愿意接受亚历山大的一切命令，只是决不允许任何马其顿人入城。亚历山大早料到提尔人会反对，他们自恃位于孤岛远离陆地，易守难攻。既然谈不拢，为了扫除远征中的障碍，亚历山大不惜一战，他说服了将领们，决定攻打提尔。

提尔是离海岸约七百三十米的小岛国，岛上的防御城墙高达四十五米，简直坚不可摧。马其顿缺乏强大的海军，唯一可跨海进攻的方法是筑一条七百三十米的跨海大道，这项工程不但费时而且费力。亚历山大在仔细观察地形后，仍决定筑路。他找到了筑海堤的材料，即就地取材，将老提尔城的城墙拆下做基石，附近山坡上的树林刚好砍来当建材。公元前332年1月，工兵指挥官及工程师狄德士开始监督建筑跨海大道，许多当地农民也加入工程行列。起初工作很顺利，但到了深水处，提尔海军发动了袭击，亚历山大一面反击，一面不停地筑路。

恰巧此时，有一百二十艘的波斯海军舰队投靠了亚历山大。亚历山大将这一百多艘船舰，与自己的战舰合二为一，使得亚历山大的海军规模超越了提尔海军。

提尔人一见苗头不对，慌慌张张地封锁岛上各港口。马其顿军以海军为主轴，分头多线攻打提尔城。提尔人不甘示弱，誓死固守城池，马其顿人不得不使用新式巨型的弹弓，以大石头弹击提尔城墙，只是未曾停歇的攻击仍然发挥不了作用。提尔人又使出最厉害的一招，将火红滚烫的沙石从城头上浇下来，把一波一波爬上城墙的马其顿士兵烫得拼命往海里跳。亚历山大眼见很多马其顿士兵被烫伤甚至丧命，心里非常难过，认为必须采取其他的进攻方式。到了7月初，他亲领一支经验丰富的队伍，冲过城墙破洞，进入提尔城，下令希腊海军舰队由外夹击，提尔人

眼见非输不可了，赶紧从墙头逃走。

在攻打提尔之前，亚历山大曾派使节到提尔招降，提尔人违背不斩来使的外交惯例，把使者杀害，令亚历山大十分生气。亚历山大要他们知道，与马其顿交好，会受到优待；反之，则要付出重大的代价。这次陆海夹击提尔，将波斯驻提尔的海军打得落花流水。

大流士眼见他的海军几乎全军覆没，再度派遣使臣向亚历山大求和。大流士在他的家眷被俘之初，曾出面求和，提出愿与马其顿结为盟友，作为交换王室家眷的条件，但被亚历山大断然拒绝。这一次的和平条件，大流士提出愿割让幼发拉底河以西的小亚细亚地带，并且让自己的女儿与亚历山大联姻，另赠送一万塔仑[①]的黄金，以换得波斯王室人员的安全。亚历山大觉得非常可笑，拒绝了和谈，因为他很清楚，自己已经占领了小亚细亚，这就同时拥有了小亚细亚所有的财富，而且他早就与大流士

① 塔仑：希腊古时候的钱币，分为黄金塔仑及银塔仑两种，其价值有不同的算法，一般认为当时的一塔仑黄金约等于现在的三十三公斤黄金。

的女儿相好，不管大流士同意不同意，他随时可以和她结婚。

埃及法老之尊

此时，亚历山大已控制了整个小亚细亚，他原可以继续率兵向东进攻，轻易拿下波斯，因为经过伊苏斯大战后，大流士起码需要一年才能重整旗鼓。可就在此关键时刻，他却转换了方向，选择向南进军埃及，令人费解。日后证明，亚历山大目光长远，在埃及停留的六个月，对他极为重要。东征不急在一时，为了战略及商业目的，他必须先建立一条坚固的海岸线。他留在埃及期间，建立了亚历山大海港，这座城后来为全世界留下了光辉的遗产。埃及之旅在他个人的生命里、心灵上，也是重要的转折点。

亚历山大到达有名的古都孟菲斯，这里是富庶的尼罗河三角洲的顶端，他领着步兵走陆路，途中拜访各地著名的宗教圣地。年仅二十四岁的亚历山大，被那一座座白色高大的寺院眩惑了。从小，母亲就告诉他，埃及的神、宗教祭典和僧侣是非常有权威的，现在目睹庄严伟大的白色神殿，加上满脑子对宗教的崇敬，再看到巍然巨大的金字塔，亚历山大沉醉在宗教、建筑的文明里，孟菲斯之旅，他不但受到真诚而盛大的欢迎，心灵上的舒适更非笔墨所能形容。

先前，埃及被波斯占领了二百多年，波斯王在每个地方设总督征敛重税，剥削埃及的财富，加上波斯人并不尊重埃及人的传统和宗教，使得埃及人心中不服，时常反抗。亚历山大来到埃及后，被上上下下的埃及人视为救世主，认为他解救了埃及的统治者和老百姓。埃及人因为感恩，在他的身上抹上香油，尊他为神圣的法老，以双王冠加冕他，这种前所未有的荣耀令亚历山大得意极了。

在孟菲斯的纪念场，亚历山大主持埃及式祭典，然后举行希腊式多元化的盛会，各地方、各种族的人都可参加，这就是希腊城邦主义的开端，基本上维持希腊式的生活方式，却融合了埃及当地的传统。从此以后，希腊和埃及和平相处了三百年，光这一点，就比急不可待地追杀大流士有意义得多。

亚历山大在孟菲斯的王宫里待了两个多月，他深深地记得他的恩师亚里士多德曾以柏拉图的话告诫他："在埃及，任何国王如果得不到祭司们的支持，是无法治理国家的。"

因此他遵行法老该做的分内事，修盖不少神殿，交给僧侣和祭司来主持。其中有一座庙宇，墙上刻有亚历山大穿戴着法老传统头饰的模样，那石像手持象征王室的权杖，陪伴在至高无上的天神阿蒙的身边（阿蒙是诸神之王，最被埃及人尊敬）。随后，他们也开始在亚历山大的石像头上，刻上和阿蒙同样的羊角。很快，在埃及到处都可以见到亚历山大的雕像或画像，还以象形文字在一旁注写："阿蒙所爱并所选择的伟大统治者。"

亚历山大花了很多的时间去了解埃及人的法律、风俗习惯及哲学，他的亲密朋友也跟着他一起学习。其中，托勒密更因为在埃及的这段学习经验，使他日后成为埃及的法老。

亚历山大乘船离开孟菲斯，顺尼罗河的支流向西行驶，发现一个地理位置良好、地势险要的地方，此处北临地中海，东有大湖，外缘有个小岛作屏障，具备天然良港的条件，亚历山大选中它，把它建设为亚历山大港，成为埃及出入地中海的门户。他的眼光的确敏锐，日后证明在这里建港确实是一项不朽的功业。

埃及地位最高的大长老，在为亚历山大加冕为法老的大典上，尊称他为诸神之子。亚历山大一向笃信宗教，他对外国的神也同样尊敬和崇拜。他曾经私下比较过希腊的上帝宙斯和埃及的上帝阿蒙，认为二神之间不相上下。他的母亲曾一再告诉他，他是宙斯和母亲受孕所生下的，也就是说他是宙斯——希腊上帝——的儿子，对此他深信不疑，现在埃及人尊称他为阿蒙之子，不更证实了他确是上帝的儿子？而且不仅是一神之子，而是多神之子。因此他对“阿蒙之子”这个称号非常得意。

神殿问卜

亚历山大将大军留在埃及，自己则带着一些好友、少数禁卫军、亲信人员以及当地的向导继续向西出发，沿着利比亚的海岸向西行了三百二十公里，进入撒哈拉沙漠。

他要到沙漠中的绿洲西瓦城，因为那儿有座非常有名的阿蒙神殿。据说阿蒙神的神谕总是无比灵验，亚历山大想去求得神谕。

在沙漠中行走了好几天，水喝光了，眼看着进入绝境，却突然下起一场大雨来，诚然是天降甘霖，解除了一行人死亡的危险。还有一天，突然刮起一阵大风暴，沙石漫天，将途中的路标全部掩埋，没人认得出路，连向导都摸不清方向。据托勒密说，地上突然出现两条蛇，在队伍的前方爬行，亚历山大坚信这两条蛇是上帝派来带路的。说来也真奇怪，当队伍走得慢，赶不上这两条蛇时，蛇还故意爬得慢一些；如果队伍方向偏差了，它们会发出声音，好像说话一样，把队伍引回到正确的方向。后来还有人说是乌鸦指路，总之，亚历山大似乎被某种神秘的力量庇护着，好运永远在他这一边，所以他每次下定决心要做什么事，便坚定不移地去做。正是这种坚定，令他不但能打败敌人，就连天时、地理上的困难也能最终一一化解。

当这支疲倦的队伍抵达西瓦时，他们被这片美丽、富庶的绿洲迷得目不转睛，眼前尽是绿油油的棕榈树、果树

和丰盛的牧草，地下泉涌出源源不绝的清水。

亚历山大立即造访了阿蒙神殿，急着去求神谕。主持祭司出来欢迎他，冒出一句：“啊，上帝的儿子！”

这句话正好触动亚历山大的心，他大为惊喜，一同前来的伙伴问神谕，大王可否有个神圣的尊称，祭司回答：“阿蒙很高兴你们这样做……”

然后，亚历山大被待以法老之尊，进入一间飘着淡香又昏暗的内厅，他可以将心中的疑难，亲自向上帝阿蒙请教。

亚历山大在里面待了一天一夜，到第二天才出来，得到答案的他感到心满意足。他问自己是否有神圣的出身，神谕要他回到马其顿，去问他的母亲。从此以后，他凡有疑难，总会向西瓦神殿求答案，甚至他的好友赫菲斯提昂去世了，他想将他封为神来崇拜，可惜，从西瓦来的使者说阿蒙神谕不可，仅可追封为神圣的英雄。

亚历山大认为埃及是个强大的国家，比他原以为的要好，因此治理埃及必须要组织联合政府，亚里士多德向他建议：“政府各部门的权力必须平衡。”

因此，他选了马其顿人做总督，另外配个埃及人和波斯原驻埃及的总督，一起按传统方法来治理埃及。

亚历山大离开埃及时，军队已得到充分的补给和休息，一切顺顺利利，那时的他仿佛变了一个人似的，充满自信和活力。他后来再也没能活着回到亚历山大港，不过这个城市成为他最后的安息之所。

亚历山大港

亚历山大一生建立了七十个新城市。由于他实行“以文明来征服世界”的政策，所以选择好建城的地点后，他总是亲自挑选出色的建筑师、城市规划人及技术顾问，和他们共同设计，依据希腊式审美建筑城市。这些新城市实行希腊城邦制度，在亚历山大死后仍施行了数百年。

许多城市以亚历山大之名命名，也有些是纪念他去世的好朋友，甚至有一城是以他的坐骑布西发拉斯命名，更有些是以战役命名。建城的目的是为了繁荣商业，使各城市能成为互通有无的交易场所。至于位于尼罗河三角洲的亚历山大港，那是他亲选的地点并领头设计，何处盖市场，何处设神殿，何处设防御工事，甚至何处建王宫，都有规划，并精心设计了一劳永逸的地下水道系统。这个城不但是防御要地和供给站，而且从文化的意义来看，是马其顿人和当地民族融合最成功的典范。

3. 奉亚历山大为大帝

高加米拉会战

伊苏斯大捷后两年，亚历山大一直没去攻打大流士，他有意给大流士时间，让他重新整合军队，然后再将他一举消灭。这个机会终于让他等到了。

公元前 331 年酷热的夏天，亚历山大获悉波斯军聚集在高加米拉附近，于是亚历山大将大军驻扎在十一公里开外。在一次晨间训话时，他激昂地对着士兵们说："敌人比我们多出好几倍，但他们的军队既无纪律又无斗志，全是乌合之众，多有什么用！我以一当十，他们一碰就垮。这场战争，是我们征服波斯决定性的一战！"

高加米拉战场上，大流士有二十万步兵及四万多骑兵，还有在车轮上配镰刀的战车及印度象阵；亚历山大仅有四万步兵及七千骑兵，兵力悬殊。亚历山大将方阵步兵布在中间对抗大流士的主力，下令帕曼纽率领骑兵从左翼进攻，他自己则带少数精锐的禁卫队在右边，对抗大流士的堂弟柏萨斯。

当帕曼纽在左翼发动攻势时，波斯的大军便迅速移动以抵御帕曼纽，中央便出现空隙。虽然亚历山大的步兵被数倍的波斯军包围，但他及时领着英勇精锐的禁卫骑兵，突破空隙，一马当先地冲杀过去。一个冲锋，马上有六十名禁卫兵牺牲。波斯大王的皇家侍卫队号称铁卫军，他们保护大王，宁死不屈。亚历山大的长矛朝大流士迎面刺去，偏了一点，刺中驾马车的战士，大流士吓软了腿，故伎重演，再一次择路而逃。波斯士兵见他们的大王匆忙逃命，均无心战斗，纷纷撤退。亚历山大马不停蹄地向东南方奋起直追，但大流士由柏萨斯保护，逃入附近山区去了。

这场战役结束后，亚历山大既是马其顿帝王，也是希腊的霸主、小亚细亚的君主，又是埃及的法老，身兼欧洲、非洲和亚洲的统治者，被尊称为亚历山大大帝。唯一

遗憾的是，大流士再度从他手中逃脱。

政治与经济

（一）修建奈布札宫殿

高加米拉战后第二天，亚历山大离开战场向南前进，沿皇家大道，长驱直入巴比伦，到了这座历史中的古城。大流士任命的当地总督马扎亚斯，率领他的儿子们列队站在城门口，高呼："欢迎伟大的征服者，亚历山大大帝！敝人保证马其顿军队会受到热烈的接待，敝国所有精美的宝藏都将呈献给您。"巴比伦全城的百姓也列队欢迎，将亚历山大奉为救世主。

亚历山大为了笼络人心，对马扎亚斯说："我不会亏待你们的，现在，第一件事，我要去拜访城里的主祭司；第二件事，我们必须重建一百五十年前被老波斯王摧毁的古神殿。"此言一出，巴比伦全国上下无比欢欣。

巴比伦的华丽皇宫，是公元前6世纪巴比伦帝王尼布甲尼撒二世修建的，这座皇宫金碧辉煌，共有六百个房间。亚历山大住进皇宫前，先到祭坛祈祷，和以前巴比伦的统治者一样，抚握众神像的手，领受神的力量，然后上祭品供奉。他如此尊重巴比伦当地的传统，获得巴比伦所有祭司及人民的感恩。同他治理埃及一样，他又恢复了两世纪以前的巴比伦的习俗，赢得巴比伦百姓一致的拥戴。在他们的心目中，亚历山大虽是外来的征服者，却又是本民族的保护者。

神殿重建工作上了轨道后，亚历山大开始着手规划巴比伦的行政工作，采用三头马车制，保留原来波斯总督的职位，任命希腊人和当地的巴比伦人各一名负责监督。如此一来，住在巴比伦的各族裔，包括巴比伦人、伊朗人、阿拉伯人、印度人及犹太人，彼此间政治权力平衡，所有百姓均得到照顾。

亚历山大战胜后，将获得的金银财宝分赠有功的将士，士兵们暂时住进舒适的民房，也受到当地百姓热忱的招待。亚历山大自己悠闲地在宫中住了五个星期，仔细参观了这座宏伟华丽的宫殿。

这年年底他挥军进入苏萨，几乎没有遇到任何抵抗。这城里有栋二百年历史的冬宫，里面有数根二十米高的石柱，支撑着杉木屋顶，大殿里有一个金色的万王之王的宝座，由于大流士逃跑了，亚历山大便顺理成章地坐上宝座。这下，一座城的财富宝藏都属于他了。更令他兴奋的是，那些以前被波斯王从雅典劫走的贵重古物，包括古希腊的英雄铜像，全部收了回来，他将这些珍贵的古物送回了雅典。

（二）新帝国的钱币

西欧历史上最早流通的硬币始于公元前7世纪，是由希腊人铸成的，但是，在亚历山大的时代，以货易货仍然是主流的贸易方式。亚历山大将他的财务大臣哈帕拉斯招来问道：“这趟东征，用兵动武并不是真正的目的，实际上，我希望打通东西方的交流，与外国人来往，大家互相做买卖，但是以货易货太不方便了，你可有高明的办法？”

“陛下说得极对，做贸易必须使用钱币，才易流通，况且，我们军人的薪饷，是一笔庞大的支出，也应以钱币支付，他们在国内的家人才好使用。”哈帕拉斯胸有成竹地建议。

公元前334年，亚历山大在安菲坡利斯设立了最大的铸币厂，该厂生产了大量的希腊银币。

当亚历山大的帝业越来越大，他从大流士那儿夺来的财宝也越来越多，包括四万多塔仑银子和九千块黄金锭，他即刻成了世界上最富有的人。

他毫不自私，决定在巴比伦再设立一所皇家铸币厂，将所有金块熔掉，重新打造标准统一的硬币。巴比伦铸币厂是当时世界第二大铸币厂，仅次于安菲坡利斯。货币流通使欧、亚、非的贸易和经济达到空前的繁荣。

亚历山大发给士兵的薪饷也很优厚，高加米拉战役胜利后，亚历山大犒赏每名士兵六百银币，相当于他们一年的薪水。

此外，亚历山大非常巧妙地运用硬币做宣传工具，他很少将自己的头像铸在硬币上，总是选择神像，四个他最常用的神像是宙斯、阿蒙、赫丘力士，以及雅典娜，但他会用一些图案象征他的王权，如雄狮、皇冠。

亚历山大去世后，他的头像才常常被铸在硬币上。硬币的流通可说是亚历山大留给后人的一项重要功绩。

出奇制胜

公元前 331 年 12 月，亚历山大和他的军队向六百五十公里外的波斯帝国的首府波斯波利斯出发了。他将部队分成两支，由帕曼纽带重装步兵及车队走平地；他自己率领两万轻装突击队走又是冰雪又是森林的山地，这条路虽是捷径，但途中要经过十公里狭长的波斯隘口，越过山后还要渡河，方可到达波斯波利斯。

当地的波斯总督在狭窄的隘道筑了一道高墙，墙后埋伏弓箭手，又让四万步兵及七百骑兵把守山顶高处。1 月初，亚历山大冒险发动攻击。当军队进到隘道最狭窄的一段时，波斯人发动大规模的石头、弓箭以及标枪攻击，亚历山大的人马伤亡惨重，无计可施之下，他只得赶紧率军向西撤出隘口。

亚历山大逮到一个牧羊人，得知有一条可以绕过这个隘道的牧羊山径，这条羊肠小道约十九公里长，狭长又隐蔽。克拉特拉斯和他的部队留在隘口，仍假装设法攻打隘道。亚历山大趁着黑夜领军，冒着大风雪，爬越难行的山道，到达了两千三百米高的高峰。三位将领早已商量过，越过山峰后他们领着步兵团冲下平原，架桥让大军过河，再一起打入波斯波利斯。亚历山大带四千人，托勒密带三千人，便绕到隘口的后面去攻打波斯军的后背。

天尚未亮，亚历山大和他的军队已神不知鬼不觉到达隘道的后门，也就是波斯大军的阵后。当约好的信号一出现，克拉特拉斯及他的部队从隘道的前方攻上来，与在敌人后方的亚历山大军队前后夹击。托勒密的部队则从敌人的侧方拦腰攻过来。一下子波斯军三面受敌，无处可逃，只有少数几个人骑着马逃跑了。

亚历山大和他的军队很快通过隘口，波斯波利斯的城门便敞开在他面前了。

火烧波斯首都

亚历山大穿过了波斯隘口，终于在第二年的 1 月到达了波斯波利斯。亚历山大以马其顿统治者的身份，接受守军的正式投降，王宫库存的十二万塔仑黄金原封不动地移交。但他没被波斯人奉为大王，大祭司也不愿将宗教的权位拱手让给他，所以亚历山大有点怀恨这个不接受他统治的城市。他治军严谨，一向不准士兵打家劫舍，但是这一次，他特别允许士兵到富人家打劫一天，他认为波斯波利斯是最可恨的城市。

公元前330年5月的一个夜晚，亚历山大与他的将领及宾客在宫殿里饮酒作乐，突然有人大喊："失火了！"

熊熊大火延烧得极快，只一会儿的工夫，宫殿便烧得精光。幸好所有人均安全逃出。托勒密要彻查起火原因，结果大家你看我我看你，没人敢说话。

"是我的错，"亚历山大大声说，"我不该让跳舞女郎举着火把跳舞，我确实很生气波斯波利斯对我不够尊敬，没想到竟酿成如此大祸。"

众人没料到他们的大王会勇于认错，对他更加敬爱了。

东征到此，对波斯的战争本应结束了，人们盼望很快能凯旋故里。然而，踌躇满志的亚历山大立在世界东西方的界线上，望向那一望无际的平原，已下定决心要将他的大军领到那片未知的土地，去追求个人的梦想。

大流士之死

6月初，亚历山大决定继续追赶大流士，那时，大流士带了残余的波斯军队，撤退到了大夏国。

当大流士一路逃向大夏国的时候，陪伴着他的是他的堂弟柏萨斯和那巴赞斯。柏萨斯是大夏国的总督兼大夏骑兵队的总指挥，而那巴赞斯则是波斯骑兵和禁卫军的统帅。这些高级统帅早就知道大流士根本打不过马其顿，他们手下的军官及士兵也跟着动摇了，开始各自逃亡。大流士完全失去了统治力。亚历山大的大军紧追不舍，那巴赞斯声言上天已抛弃大流士，怂恿柏萨斯暂时接任王位。不久，大流士被监禁，他的贴身侍卫也都叛逃了。柏萨斯被大夏骑兵和波斯兵拥立为王。

亚历山大带了五百名骑兵，日夜兼程，在这个滴水全无的沙漠里飞驰追赶。一天，天刚亮之际，他们终于看到了前面波斯兵马扬起的尘土。当亚历山大越来越接近时，这些柏萨斯的士兵干脆就脱队逃奔。押着大流士的士兵也急着要逃命，他们想迫使大流士一起骑马逃走，但大流士坚持不肯和背叛他的士兵们一起逃亡。到了紧急关头，叛兵使用长枪将大流士乱枪刺杀，然后各自逃跑了。

亚历山大赶到时，终究未能与波斯王正式见上一面，他非常失望，心里感触很多。他将自己的外氅[①]，盖在大流士的尸体上，并命手下将大流士的尸体涂上香油，日夜赶路，将遗体送交给留在波斯的大流士的母后。择日在波斯首都为大流士举行隆重的王家葬礼。

尽管大流士已驾崩，亚历山大想要登上波斯王位，还得除去篡夺王位的柏萨斯才算稳固。何况柏萨斯确实具有皇家血统，所以亚历山大决定继续追捕柏萨斯，必须将弑君之徒绳之以法才行。

效忠与背叛

亚历山大为了追赶柏萨斯，经常独自带一小队人马赶路，将他的大军远远抛在后面，然后驻扎大半个月等军队全部到齐，才又继续向前进。不久，他捕到了逃亡中的那

① 外氅：即战袍。

巴赞斯，亚历山大饶了他曾参与谋杀大流士的罪过，而大流士的弟弟发誓要为他哥哥报仇，愿与亚历山大并肩作战，他被封作禁卫军的一员。

这时军中传出大军将班师回朝的谣言，亚历山大很激动地对全军演讲，遏止了谣言的流传，继续领军往东南方前进，追赶弑君的柏萨斯。

不过，这一路东征下来，他的军队开始厌战，希望能班师回乡，军队内部的战斗意志确实有些松动了。有谣言说，老将军帕曼纽的儿子菲罗塔斯要暗杀亚历山大，其实菲罗塔斯和亚历山大从小一起长大，算得上心腹好友。军中的确有人策划要谋刺亚历山大，菲罗塔斯风闻这回事已有两天，但他并没有举报。有一个随从将这消息报告给亚历山大，整个阴谋就暴露了，真正主事的人因为拒捕，当场被击杀。

事后，亚历山大的一些高级将领，包括赫菲斯提昂、科那斯、克拉特拉斯等人检讨此事，认为菲罗塔斯应该为此事负责。菲罗塔斯被逼招认，按马其顿的刑法，菲罗塔斯极不光彩地被一伙人投石处死。为避免流血的内斗，亚

历山大隐瞒了菲罗塔斯被处死的消息，不让帕曼纽知道。帕曼纽当时驻守在远地，亚历山大派出身边的高级将领，带了一封信给帕曼纽，假冒是菲罗塔斯写的，告诉他父亲，谋刺亚历山大的计划成功，帕曼纽看完信，脸上竟露出笑容，于是，送信者便依照亚历山大事先的吩咐，将帕曼纽刺死。

翻越兴都库什山

公元前 330 年冬天，亚历山大命他的军队好好休整了几个月。春天来临，又继续追捕老是制造麻烦的柏萨斯，大军必须穿越高耸险峻的兴都库什山。

兴都库什山脉上可通行的栈道都在海拔三千五百五十米以上，亚历山大的三万两千大军必须舍弃所有车辆，只靠牛、羊、马等牲口来驮负装备。柏萨斯正是走这条路撤退的，诡诈的柏萨斯采用焦土策略，他每经过一个村庄，就把那村落烧光，不留任何可吃可用的东西。果然，马其顿大军进入山区，不到两周就吃光了所带的粮食，在这光秃秃的地带，连一根烧火的木材都找不到，士兵们不得不将本来帮他们驮装备的牲口杀来生吃。

虽然艰困，马其顿士兵还是通过了惊险峻峭的栈道。柏萨斯无论如何都没想到，亚历山大能越过冰雪覆盖的山巅，他只得继续向东逃。渡过一条大河后，他将所有船烧光，跟随的八千名骑兵看到这一幕，心里明白柏萨斯根本无胆量跟亚历山大大打一仗，再这样下去不会有好结果，于是纷纷逃得无影无踪。

亚历山大为了渡过这条又宽又深又湍急的大河，命令士兵将兽皮做的帐篷塞满干草，再密密缝起来，变成可以浮在水面上的皮筏，大军只用了五天时间，就渡过了河。

柏萨斯此时已走投无路。托勒密轻易便将奸诈狡猾的柏萨斯捉到了，将他扒光衣服，五花大绑地捆在路边。亚历山大厉声责问弑君的柏萨斯："大流士是你的君王，是你的亲戚，也是你的恩人，你为何要做出这等无耻的事来?"

柏萨斯狡辩说："为了要将大流士献出来给你呀!"

亚历山大嫌恶地下令将柏萨斯痛打一顿，然后送回波斯法庭受审。审判结果，柏萨斯犯下滔天大罪，被处极刑。

在波斯的最后苦战

公元前 329 年的夏天，亚历山大领着大军，到了波斯帝国东北边界，接下来的十八个月，亚历山大经历了从没有过的苦战。

边界上有七个小城邦，建于波斯的老帝王居鲁士时代，位居东西交通的要冲，地理位置十分重要，是兵家必争之地。城邦的城墙又高又坚固，城垣上面的空间非常宽敞，可让为数众多的弓箭手和弹弓手同时发动攻击，他们的武器威力也十分强大。因此，这对亚历山大来说，必然是一场无法避免的苦战。

亚历山大先派遣使者到七城邦中最大的塞罗堡劝降，总督斯皮塔本来已经决定投降，谁知突然又变卦，并杀害了使者。亚历山大非常生气，立刻指挥军队进攻。这七个小城邦负隅顽抗，相互支持。亚历山大好不容易攻占一城，可两旁的城邦便来来回回以游击战不断地袭击亚历山大的军队，让亚历山大的军队疲于应付。

等到亚历山大好不容易攻占了六个城邦，军队也早已疲惫不堪。眼看只剩最大的边防重镇塞罗堡了，不料，刚一开战，亚历山大的腿上便中了一箭。此时，城头上波斯兵的弹弓手也发动攻击，顿时箭如雨下，乱石飞落。很不幸的，亚历山大的喉咙又被一块大石打中，将他的嗓子给打坏了，无法发号施令；而另一块石头又击中他的头部，他感到一阵晕眩，双眼也暂时失明了。

亚历山大受了重伤，却不愿离开前线，坚持继续向敌人进攻。有一天，天气实在太热，亚历山大忍不住喝了一些被污染的河水，因此得了急性痢疾，他忍着腹痛，仍然继续指挥作战，直到实在撑不下去了，才让人把他抬回营帐。等到病情稍稍好转一些，他便亲率精锐部队去追打斯皮塔，最后终于将塞罗堡夺下。这次战斗让他又伤又病，是他出师以来最不顺利的一次，也是他在波斯境内最后一场辛苦的战役。

美丽的小星星

次年，亚历山大的大军得到充分的休养生息，此时波斯贵族欧夏提带领一批人，包括他的妻女，及大约三万军民，躲进了索格地亚山地。公元前 327 年春天一到，亚历山大便率部队去扫平索格地亚。他发现索格地亚山地的形势极为险要，四面都是悬崖峭壁，悬崖峭壁之上，又筑有很高的城墙，连鸟都难以飞上去。欧夏提的军民储备了许多粮草、用水，准备长期抗战。

亚历山大率领大军来到山下后，便向城墙上的守军喊话：“快快投降吧！你们会得到公平的待遇，否则……”

山上的守军听了觉得十分可笑，回喊道：“亚历山大，少说废话！去找长了翅膀的士兵来吧！”

“非攻下这山城不可，走着瞧吧！”守军的轻视和取笑，气得亚历山大咬牙切齿。

他马上重赏勇士，第一个爬上城头的士兵可以得到十二塔仑的奖金，第二个爬上的得十一塔仑奖金，依次递减。立刻有三百名士兵响应，他们趁着黑夜，往那最难的一侧峭壁上爬，因为那侧被认为是天险，敌人的兵力部署最单薄。

勇士们利用铁栓、长钉、绳索等工具，一个个吊在悬崖上往上攀爬，惊险万分。到天亮时，约有二百七十人成功攀上了城墙，他们向山下挥旗发出信号，亚历山大马上向城上守军喊话：“我已请到长翅膀的天兵了，不信，回头看看后边的城头，那上面站的是什么。”

这下把守军吓得目瞪口呆，来不及搞清楚身后有多少马其顿的天兵，便惊恐万状地跑去报告欧夏提。欧夏提得知这个消息，慌得无计可施，只得开城门投降，他的妻子、女儿全当了俘虏。

亚历山大开庆功宴时，让那些被俘的女眷载歌载舞为他表演，其中欧夏提的女儿罗克珊娜正值适婚年龄，是一位大家公认的美丽而聪慧的女子。波斯语“罗克珊娜”的原意是“小星星”，希腊神话里有许多充满星星的故事，这些浪漫的故事不时在亚历山大的脑海中萦绕。亚历山大对“小星星”可说是一见钟情，没有把她当俘虏看待；罗克珊娜把英勇俊朗的亚历山大视同月亮一般，小星星依偎在月亮身边，对他产生了爱意。他们两人很快就坠入情网，没多久便决定要结婚。

索格地亚山城被征服后，亚历山大又去攻打另一座更

险峻的山城，亚历山大越是碰到难题，越是信心满满地想要征服。山上守军派人送信给欧夏提请教防守办法，欧夏提很坦白地告诉来者：“要和亚历山大为敌，无异以卵击石。”

守军赶紧开城门投降，并赠送马其顿军两个月的谷粮和干肉。全城狂欢庆祝，亚历山大和罗克珊娜在这山城的最高峰，举行了结婚典礼。

至此，亚历山大完成了征服波斯全境的大业。很快，亚历山大又将继续他的另一系列军事行动。

4. 无止境的探险

常春藤之城

春天到了，亚历山大又继续踏上东征之旅，十天之内他再度翻越兴都库什山，朝印度东进。到了秋初，他已将印度河以西的一些小国征服，这些小国的国王纷纷投诚，还有些国王带了珍品及大象献给亚历山大。

有个富庶的奈萨城的国王阿卡菲，求见亚历山大，请求让奈萨城维持现状，他解释说："这城是希腊的酒神狄俄尼索斯（也被尊为植物神，常春藤是他的象征）所建，六千多年前他曾率兵攻打到印度，在返乡的途中经过这里，见土地肥沃，便将一些老弱的士兵留下来，建设这座城镇，留作他长征的纪念。"

为了证明他说的是事实，阿卡菲带着亚历山大参观城内的常春藤，这些常春藤在希腊是很普遍的，但不在别的地方生长。说来也奇怪，全印度只此一地生长常春藤，马其顿士兵一看到常春藤，思乡之情油然而生，纷纷折下常春藤条编织成花环，戴在头上，唱歌、跳舞、饮酒，好似回到了故乡。

亚历山大听酒神的故事入了迷，由于他和他的母亲一向敬奉酒神，自然不愿冒犯酒神所建的城镇，于是应允阿卡菲的请求，保留该城独立、自主的现状，未加任何干涉和破坏。

超越大力士赫拉克勒斯

过了一年，又是一个春暖花开的时节，亚历山大率大军继续向印度内地东进，来到阿尔诺斯山。

阿尔诺斯山横阻在大军前往印度河的途中，是进入印度内地的必经之路。这座大山高达两千四百四十米，地形非常险要，山上有自然泉水，印度人在山顶建筑了防御工事和坚固的山寨，囤积了充足的粮食，还有广大可耕作的田地，是个易守难攻的据点。

“陛下，”一位将领对亚历山大说，“传说，连天神的儿子大力士赫拉克勒斯都无法攻克这座山城。”

“有这回事吗？”亚历山大的好胜心被激起了，“我非要将这座山城征服不可，一来可前往印度河，二来我要和赫拉克勒斯比比，看谁的本领大！”

熟悉山路的人告诉他，唯一攻山之路得先占住毗邻的另一座更高的乌那萨山，然后从上而下攻取阿尔诺斯山，困难的是两山之间有很深的沟壑，造成天然的屏障。亚历山大命托勒密领军先爬上乌那萨山，自己率兵砍伐山上的树木，利用这些木材在洼地上堆筑出一座桥，再从桥上横跨到阿尔诺斯山。

筑桥的时候，印军发动猛烈的攻击，亚历山大始终身先士卒，与士兵同甘共苦，不断大声地鼓励：“最勇敢的有赏！”

不久，大军终于与托勒密上下应合，声势猛然大振，印度人见状大为惊慌，怎料到有人会从更高的山上攻下来，只好投降求和。

这座连赫拉克勒斯都无法攻克的山寨，亚历山大却攻下来了，他历尽千辛万苦，终于完成这不可能的艰巨任务，超越了他所崇拜的神话英雄。然而他并不以此自满，反而更积极地说：“下一个目标便是横渡印度河了。”

横渡印度河

越过了阿尔诺斯山，亚历山大和他的大军抵达水势浩大的印度河边。

早在亚历山大征战阿尔诺斯山时，他已分出一半兵力由赫菲斯提昂率领先到印度河探路，并负责建造桥梁。这条印度的第二大河比欧洲的河流宽大得多，出海口附近冲积成三角洲，形成富庶的耕地。亚历山大如何将六万多步兵、一万多骑兵，还有战车、器材等运到河的对岸去，这的确是一个大难题。

东征队伍里的工兵部队是很重要的成员，他们遇水搭桥、逢山修道的业绩，在古代世界历史中无人能及。指挥工兵的是两位出色的工程师狄德士和卡瑞亚，他们满脑子的创意和源源不绝地解决问题的妙招，为亚历山大解决了许多东征途中的困难。那些进攻高城池所需的绳梯、射石头的巨型弹弓机、攻城墙的擂石器，都出自他们的设计，而且全都尽量就地取材制造。马其顿军队能顺利地攻克一个接一个的城池，工程师的功劳不可抹杀。

这次他们又奉命必须在短期内造一座桥，好让大军通过。印度河不但宽深，而且水流湍急，一般的桥梁不管用。于是，他们把很多船用绳索拴在一起，并用粗大的柳树树干打桩，使船固定泊在水面，船上面再架木梁，铺上木板形成一座浮桥。

新桥刚刚搭成，大军马上有秩序地、安安全全地渡过了印度河，亚历山大甚为满意，马上在河岸祭拜河神，并犒赏了赫菲斯提昂、狄德士和卡瑞亚，还有那些建桥有功的将士。

与象争锋

渡过了印度河，亚历山大的大军浩浩荡荡地向印度的中心地带进发。印度国王波拉斯是一位英明的领袖，他身材魁伟，仪表堂堂，英勇的名声响彻国内，是个很有威望的统帅。他将军队部署在印度河支流希达斯皮斯河的东岸，准备迎战亚历山大。他率领最精良的队伍，包括战车部队、骑兵队、精锐的步兵和威力特殊的二百头大象队。这些队伍装备齐全，阵容严整，显然，他决心倾全力与马其顿的主力决战。

亚历山大在军事上和战术上的智慧，毕竟还是高出波拉斯一筹。他到了河岸一看，便知此河虽是印度河的一条支流，但要渡过并不容易，初夏的雨季不时大雨连绵，加上河流源头高峰的积雪已开始融化，雪水加上雨水一下子使河流变得水深流急，渡河不是一桩简单的事。

另一项隐忧是没有正式与象阵作战的经验。他知道，骑兵部队的马一旦嗅出大象的气味，便会骚动不安，不听指挥，即使骑兵上了岸，只要大象群冲过来，它们那巨大的身躯、吹着号角般的长鼻子、怪里怪气的嘶吼声，必定将战马吓个半死，那些仍在河中皮筏上的马匹说不定吓得往河里跳，连岸边都不肯上，这样子如何作战呢?

亚历山大将这些问题提出来，在军事会议中讨论，经众将军研究后，亚历山大决定："渡河，用声东击西的战术；对象阵，用包围战术。"

首先他在河这一边扎营，将部队分成好几批，分向两个不同方向快速移动，在各个定点将渡河用的船推向水中，假装要渡河攻击。其实他已勘察到距营地北方约三十公里处，河道较窄，树林茂密，地形隐蔽，是渡河的好地点。

由于马其顿的部队不断地移动，看似要渡河，波拉斯只好下令他的部队跟着移动随时应战。到了晚上，马其顿的骑兵仍然不断地在河岸边来回奔跑，高吹冲锋号角，军旗飘飘，马嘶萧萧，波拉斯的军队也不得不在对岸左右奔跑，连象队也得带着跑，防止对方渡河。

连续跑了几天后，波拉斯发现那仅是马其顿军的虚张声势，决定一动不如一静，不再跟着跑了，但仍严密监视对方行动。亚历山大见印度兵松弛了戒备，便在一个乌云密布、雷雨交加的夜晚，对克拉特拉斯说："你率你的部队留守营地，等我们和印方摆好阵势后，你就渡河。"亚历山大带着部分主力，马衔枚，人噤声，迅速奔向北方预定的渡河地点。

波拉斯接获情报，以为又是一场马其顿的虚假行动，但为了谨慎起见，他还是派了他的儿子率两千骑兵向北赶去。不料，波拉斯的儿子一路在沼泽与泥泞中奔驰，还是晚到了一步。亚历山大早已一马当先，第一个登上岸，他的大军也随后渡过河来了。这批战斗经验丰富的军队，包括了武器配备最精良的近卫队、强悍的骑兵团、技术精湛的马上弓箭手，以及训练有素的步兵方阵，共约六千名步兵和五千名骑兵，不消一刻就将印度王子所率领的两千骑兵击溃，印兵战死的有四百多名，包括他们的王子。

波拉斯接到儿子阵亡的消息十分悲痛，但他仍然决定要和亚历山大决一死战。他当即率领约四千骑兵、三百辆战车、二百头大象和三万步兵朝亚历山大这边开拔。到了一片平坦而坚硬的沙地时，他开始布下战阵，最前线是大象部队，第二线是步兵，步兵的两翼是骑兵，而在骑兵前又部署了战车。

亚历山大的包围战术，首要目的在于限制象群的活动范围，如果大象有充分的活动空间，就能奔跑起来，这样产生的正面威力十分惊人，大象背上又负着很大的箩筐，坐在里面的弓箭手或标枪手便能充分发挥攻击力量。因此，亚历山大和几位大将分头带领骑兵从两翼向印军夹击。

这时，留守在河对岸的克拉特拉斯的队伍也按照预定计划迅速行动，他们渡过了河，直抵波拉斯大军的背后。腹背受敌的印度骑兵被打乱了，亚历山大下令弓箭手朝目标大的象群射击，印度军担心背面的敌人，只好将大象调头，象群因受箭伤，被激怒了，不受控制，遂不分青红皂白向自己的阵地横冲直撞。

原在大象后排的印度步兵和战车，被象队冲得人仰马翻。训练有素的马其顿步兵，用盾牌连接起来，相互靠拢形成极严密的方阵，随着“阿拉拉拉！来了！”的吼声，一步步地向前挺进，将印度军团团围住。印军完全乱了阵脚，士兵们只顾逃命，哪儿有空隙便往哪儿窜逃。

这当下，波拉斯仍然奋勇作战，他不像波斯王大流士那样脚底抹油溜之大吉，他坐在一头大象的身上，虽已中箭受伤，仍一边指挥他的士兵，一边挥刀杀敌。亚历山大见他如此英勇，很想结交为朋友，不忍心杀他，因此派人劝他投降。战争刚开始时，波拉斯没想到他的对手会使出声东击西的战术，后来自己虽料到几分，但战机已失，现在眼看大势已去，便同意投降。

当波拉斯走向马其顿部队时，亚历山大命他的几员大将，随同他一起骑马到阵线的前方迎接。亚历山大对波拉斯十分佩服和仰慕，问波拉斯："你希望得到怎样的待遇？"

波拉斯简单明了地回答："要像对待一位国王那样对待我！"

亚历山大又问："你打算要求我做什么？"

波拉斯仍不卑不亢地说："刚才的回答已经包含了我所有的要求。"

亚历山大听了非常欣赏波拉斯威武不屈的气度，立即恢复他的王位；日后波拉斯也用事实证明，他是亚历山大的忠诚盟友。

军旅生涯

亚历山大降服了印度国王波拉斯后，附近一些小国的国王不是望风而逃，便是归顺投诚，远征军可以说是无往不胜。事实上也确实如此，亚历山大自从跨海登上了小亚细亚以来，从未打过一场败仗，他的军队虽然也有损失，战士也有牺牲伤亡，但是比起敌人的大规模损失、伤亡，实在算不了什么。

联军中有马其顿军、希腊各城邦的联军，还有在途中招募来的外籍兵团，不同背景的士兵在亚历山大的领导下，历经了许多艰辛苦战。凶恶的敌人其实算不得可怕，可怕的是一路上的行军和不可预料的未来。有些士兵在经过干热的沙漠地带，因缺水而渴死；有些在翻越兴都库什山及喜马拉雅山时，在冰天雪地中被冻亡；有些因食物中毒，或因粮食缺乏而饿毙；还有一些不知名的疾病及伤口发炎也夺取了许多人的性命；有些人虽然仅受了轻伤，但在印度又湿又热的气候条件下，因水土不服也病重身亡。

这许许多多的困境，实在影响大军的士气。那么，究竟是一种什么样的力量，在支撑着这支庞大的队伍呢?

是那位意志坚决的领袖，是那位不畏任何艰难困苦的亚历山大大帝。士兵跟随着他，再怎么艰巨的困难，都能一一克服。

亚历山大治军十分严谨，他不允许士兵打家劫舍。有些士兵看上了当地女子，他也为他们举行婚礼，让他们成家，并让家眷、子女跟着军队同行，使这些士兵不会因念家而溜走。因此，日后随着马其顿军队回到家乡的士兵们，虽未发大财，但也都过得舒舒服服，安享解甲还乡的生活。

骏马忠骑

亚历山大在希达斯皮斯河打了一场漂亮的胜仗，正兴奋地庆祝胜利，突然接到报告："大王，布西发拉斯好像不行了！"这消息立刻冲淡了胜利的欣喜。

亚历山大十一岁半时，勇敢地在父亲及众多宾客面前将布西发拉斯驯服，在此之前，布西发拉斯从未让人骑过，在那之后，布西发拉斯也从未让别人乘骑。它忠于它的主人，陪伴它的小主人一点一点地长大成人，成为英明伟大的帝王。它跟随主人千里迢迢地长征、渡海、跨河、翻山、越岭，无论情况如何险恶、如何辛苦，绝不背弃它的主人，始终忠心耿耿地驮着它的主人东征北伐，直至用尽最后一点的力气。

在战役中，布西发拉斯也曾受过轻伤，但仍奋勇奔驰。然而此时它终究逃不过死神的召唤。它出身色萨利著名的育马场，是系出名门的纯种马，未依主前脾气暴烈，不受控制。它全身漆黑，有黑得发亮的鬃毛，额头上方还有一撮状似牛头的白毛，因此又被唤作“牛头”，布西发拉斯在希腊文中即是“牛头”之意。

亚历山大驰骋在无数胜利的沙场上，骑着布西发拉斯之英姿令敌人丧胆。格拉尼卡斯河之役，伊萨斯大捷，高加米拉会战，以及希达斯皮斯河之役，布西发拉斯无不时刻陪伴着他。提尔攻城胜利后，有一次，亚历山大来到一个小城邦，布西发拉斯被歹徒偷走了，亚历山大震怒之余发出警告，若是偷马贼不将马送回来，将屠杀全城报复。慑于亚历山大与布西发拉斯之间真挚的感情，布西发拉斯立刻被偷马贼送了回来。

人与马间的感情，使亚历山大非要为布西发拉斯举行如英雄般的葬礼才心安。不久，亚历山大在希达斯皮斯河畔建立了两座城市，一座叫作“胜利之城”，另一座为纪念他的爱驹，命名为“布西发拉”，这是亚历山大所建造的城市中最深入印度，也是距他自己的祖国最遥远的城市。

终极征服

在希达斯皮斯河之役打败了波拉斯后，亚历山大更是威名远播了。当他领着大军一路东进到克什米尔时，许多印度小部落不是弃城逃跑，便是开城门投降，因为他们知道自己无法抵御亚历山大的大军，如果正面冲突，马其顿军必如同洪水般，将他们没顶。亚历山大很高兴，他把这些地区交给波拉斯治理；对于主动归顺的部族，他一向都以礼相待，双方真诚和平地相处。

士兵看得出亚历山大决心要向无边无际的大海迈进，任何反对和阻挠都无用。军队快到比斯河时，亚历山大听人说比斯河对岸一带非常富庶，土地肥沃，易于耕作，老百姓平日勤于耕种，战时勇于卫土，境内由一些贵族统治，事务处理得井井有条，令百姓安居乐业。而且，这里的人通常饲养大象替代人力，因此此地的大象比印度西边一带的更大更凶猛，打仗时威力也更惊人。这些情报传到了亚历山大的耳中，好奇心驱使他非一探究竟不可。

八年的远征，亚历山大的功绩早已超越酒神狄俄尼索斯及大力士赫拉克勒斯，他的名声在历史上也无人可及。他领导的这场无止境的征战，并非全为喜好冒险犯难，而是为着满足他的求知欲望，为了追求、探索新奇的事物。希腊先知认定，印度东岸浩瀚的大海即为世界的尽头。那海洋一直在呼唤着他，他无法抗拒走到世界尽头的引诱，他想去看看那一望无际的海洋。

八年了，漫漫征途，大海还在天边，他清楚地知道比斯河对岸仍是广袤的土地，不由得疑惑古希腊传说中的大海到底还有多远。不是说，站在兴都库什山上就可以看到吗？奇怪，怎么连一点影子都没有？可见先知的话还是有某些错误。他寻求世界的尽头，这一点，马其顿士兵并不理解，到世界的尽头去干什么呢？

亚历山大的心里很明白，不久他就能够找到答案了。当地的印度人，尤其是那些从东岸过来的生意人，一定有人告诉过他，很快就能抵达无边的大海，路途已不远了。亚历山大不惜再向前挺进三百二十公里，一直来到了恒河。这条印度的第一大河流经整个东印度，只要越过河一直走，就一定能看到无边的海洋！

足迹永存

马其顿大军抵达比斯河时，因正逢雨季，河水暴涨，渡河困难，亚历山大决定先暂时驻扎在附近的城邦。那里的印度王索培斯，个子高高，相貌不凡，穿着紫金色的袍子，很勇敢地出城来和亚历山大交涉。他表示愿意听命于亚历山大，并将镶满珠宝的权杖呈献给亚历山大。亚历山大立即重新封他为王，两人相处非常友善。索培斯准备了很多食物犒赏马其顿士兵。亚历山大让军队好好休养，士兵们既享受好酒美食，还能到树林里、原野上去狩猎。印度人狩猎时，总会带着凶猛的獒犬同行。这种狗，希腊人总以为是由母老虎和公狗混种的，其实是喜马拉雅山高地一带的名犬。亚历山大见了非常喜欢，索培斯便送了他一只。

亚历山大全心全意地想一探印度东岸，到达那梦寐以求、广无际涯的大洋。他热衷于探险，却忽略了他属下的心情。这些跟随他多年的马其顿人，远征的热情逐渐降温，渐渐厌倦没完没了的艰苦征战，又不知道亚历山大到底要将他们带到哪里去，是否还要冒生命危险。他们开始发出怨言了。

八年来，马其顿的军人，打了无数场艰辛的仗，翻山越岭，度过了炎热的夏天、冰天雪地的冬天，以及连绵不断的豪雨季。尤其是希达斯皮斯河之役，折兵损将的惨烈情形，磨光了军队的雄心锐气，将士们的体力精力都已消耗殆尽，没人想再前往印度内地了。军队里里外外流传着某些谣言，说还有一条更大的河要渡，而河那边还有数不清的印度兵带着特大号的象队等着。

这些话确有几分真实，比斯河以东的象真要比马其顿人所遇到过的象都要大一些，而且特别凶猛。因此，这些从无怨言的士兵开始抱怨了，表示要离开恐怖的印度，迫切希望能尽快回到故乡。他们不习惯，也难以忍受连绵不断的淫雨，身上的衣服永远湿漉漉的快要发霉了，盔甲也破破烂烂，开始生锈了；许多士兵也因水土不服而病倒，这样下去，军队很可能因厌战而爆发叛变。

亚历山大获得了一个情报，说有人可能要发生叛变，于是召集全体将领举行会议。他一向是个雄辩滔滔、舌战群英的角色，这一次也不例外，他极富号召力地鼓动大家说："马其顿同胞们！联军战士们！你们为什么犹疑不决，不肯继续向前到比斯河的对岸去呢？难道你们以为其余的印度人还抵抗得住我们吗？得了罢！他们要不投降，要不就是逃得远远的。"

他环视四周，继续说："一个有志之士，必须一路奋斗到底，不能半途而废。从这里到恒河已经不远了，马上就可看到一望无际的海洋。我们必须坚持到底，只有不怕艰苦、勇于冒险的人，才能完成光辉的功绩。我们在世之日，应当勇往直前，死后方能永垂青史，这岂不是一件美好的事情吗？"

话锋一转，他又充满感性地说："作为你们的大王，我何曾仅让你们去送死，自己躲在后面享福？我和你们一样，睡同样的野地，吃同样的食物。再比比身上的伤，我没比你们少。我把你们从贫苦、三餐不继的地方，带到吃香喝辣、穿金着银的富庶都会，这些占领来的土地都是你

们的，大部分财宝也都到了你们的手里。我发誓，当我们到达印度那一头的海边后，一定班师回朝。到时候愿意回老家的，我会亲自带着你们衣锦还乡；愿意留下的人，会令那些回去的人羡慕得要命。”

亚历山大讲完这一番话后，没有人说话，全场静悄悄的，谁也不愿表态。亚历山大再次故意用激将法：“有不同意见的，尽管讲，没关系！”

经过一段很长的静默后，终于，亚历山大的一位亲信老将科那斯鼓起勇气说：“大王陛下，我们这些跟随您离乡背井的马其顿人、希腊人，已经创造了许许多多伟大的勋业，原来的一支庞大队伍，如今已折损不少，剩下来的，都渴望回到老家，没有一个不想念他们的爹娘，希望趁爹娘还在世时，带些财宝回去，光耀门楣，当然这些金银财宝，都是拜陛下您所赐；有妻儿的人更希望能像个大英雄似的回家团聚。这些人已归心似箭，毫无心情再战下去，以前的斗志和勇气被磨光了，请不要再逼他们继续东征了吧。

“再说，大王您自己也该回家看看您的母亲，料理一下希腊及马其顿的事务，把胜利的果实呈献给您的祖先。”

科那斯看了看亚历山大的脸色，看不出有任何变化，便继续劝说：“一个成功的英雄，应该知道适可而止。像您这样英明的领袖，带领我们这样强大的一支队伍，可以说是无坚不摧，但这实在也靠些运气，运气是很难预料的，谁也没法保证运气一直落到我们的头上。”

“好啊！好啊！太好了！他讲得对！”科那斯说的的确是一番实话，旁边的人立刻发出叫好声，甚至有人落泪，这足以证明他们不愿再往前走了。

亚历山大十分讶异居然有人反对继续东征，心里很不高兴，便解散会议，回到营帐三天避不见人。到了第三天，他又召集一些亲信商议了一番。亚历山大毕竟从善如流，但是他又不愿认输，便决定先举行祭祀典礼。在祭祀中问卜时，恰巧出现了不祥的兆头，亚历山大这时便有了退一步的台阶，宣布不再东征，即刻班师回朝。此言一出，全军欢喜若狂，有人感动得痛哭流涕，有人还为亚历山大求神赐福：“感谢我们的亚历山大大帝，愿神赐福给他！”

此时，亚历山大突然夺过一名士兵手中的长矛，狠狠地用力扔向东方，想起刚登陆小亚细亚的那一刻，他曾在地上插上一支长矛，默念："这块土地是我的了！"如今，他希望这支长矛能不停地飞越，直达陆地的尽头。

无人认为亚历山大输了，反而一致认为他们英明伟大的领袖赢得了一场"仁慈的胜利"。

亚历山大这项英明果断的决定，确实将原本可能发生的流血叛变，扭转为一次深获人心的行动。他神采飞扬地下令举行盛大的骑术操练及竞技运动大会，大家一起庆贺这次转折性的决定。

许多人将亚历山大视为众神之子，他自己亦如此自许，他将部队分成十二队，每一队盖一座高达二十三米的巨型神坛，献给一路上不断保佑他的十二位神祇①，包括女神雅典娜、象征光明的守护神阿波罗、大力神赫丘力士、奥林匹斯山统治神宙斯、埃及的阿蒙、希腊的太阳神

① 传说希腊奥林匹斯山上住着十二位神祇，但因亚历山大也尊奉埃及的阿蒙，他所命令建造的十二座神坛，包括了阿蒙，所以与奥林匹斯山上的十二神不尽相同。至于究竟是哪十二位神，除了文中所述九位，其余无从考据。

赫利俄斯、酒神狄俄尼索斯，以及海神、河神等。这些祭坛有如巨塔，成为亚历山大帝国领土的标志。由于亚历山大未摧毁印度，并且尽量保存了印度的历史文物，印度人对亚历山大怀有一分尊敬和感念。

然而，亚历山大表面上意气风发，内心还是对部下的叛变之心耿耿于怀。他本来只要再努力一点点，就可大大地扩张版图，他获得的情报是，只要过了比斯河，虽会遇到一些抵抗，但更大的好处却在后头。若再渡了恒河，那边的马伽达国王软弱无能，不费吹灰之力便可征服。可惜，命运捉弄人，亚历山大只差一步便可以征服整个印度。马伽达王国的国界一直延伸到孟加拉湾。马其顿大军，若是听从并跟随他们的领袖，只消再行军三个月，便可走尽他们所知道的全天下了，也达成亚历山大所向往的抵达地球尽头、亲见那一望无际的大洋的愿望。

5. 班　师

造舰回航

令人鼓舞的归程终于要展开了！总数达十二万的大军先集中在希达斯皮斯河畔的布西发拉市，亚历山大命令木匠及造船师赶制大船，打算让一部分人乘船，由水路航行，经波斯湾回希腊。

豪雨和酷热的交迫，使忙碌的老将科那斯病倒了。科那斯病得不轻，什么方法也不管用，没多久就去世了，这对亚历山大的打击很大，因为他对于亚历山大来说，不但是位骁勇善战的大将军，还是位忠诚卖力的朋友，亚历山大倚之为左右手。亚历山大命令全军为科那斯举行了告别葬礼。

庞大舰队准备就绪后，亚历山大重新整合他的军队，一共分成三路，自己带八千士兵乘船，走水路；克拉特拉斯带一部分步兵和骑兵沿希达斯皮斯河右岸出发；赫菲斯提昂领大军主力沿希达斯皮斯河左岸前进。为了安全，另命一名马其顿籍的督军菲利普三天之后，领余兵殿后，防备前军伤残士兵脱队或叛离投敌。

舰队中最引人注目的，是八十艘亚历山大亲自设计的三十桨大船，此外，还有运输船、轻型船、运马船等将近有两千艘。在公元前326年11月初的一个清晨，亚历山大下令启航，嘹亮的号角声响彻清冽的晨曦，善于航行的腓尼基人、塞浦路斯人、埃及人担任水手，哼着曲调，一齐将桨划破水面，歌声、击水声在河道中、幽谷中、两岸间，不断回荡，震撼人心。

印度人从未看过这么庞大的舰队阵容，也从未看过马匹乘船，纷纷聚在两岸围观，忘形地唱歌舞蹈。亚历山大高高地站立在他的主舰上，手持盛满佳酿的金杯，遥祭河神、海神及各路神明，保佑航行安全顺利。他不可一世的英姿给围观的人们留下了难忘的一幕。

不到三天，舰队抵达索培斯国王的境地，与走陆路的两支队伍会合，他们再度受到索培斯殷勤的接待。以后他们所经过的各部落均竭诚相待，因慑于他的声势，他们一听到亚历山大的舰队经过，便纷纷示好献礼，并自动替马其顿军队补充装备、食物。

船行到了希达斯皮斯河与阿塞西尼斯河的汇流处，这里水流增快，河水奔腾呼啸，形成许多漩涡。舰队航行至此，惊险万状，有不少小型船只被打入漩涡，船沉人没，损失不轻。

勇冠三军受重创

这年年底，亚历山大的舰队与赫菲斯提昂、克拉特拉斯及菲利普的陆上部队在马利亚会合。没想到马利亚这个部落想造反，亚历山大带了一小队人马出击，虽很快就将它平定了，但有一小撮马利亚人逃到了比较强大的牟丹去，组织了大约五万人的军队，预备和马其顿人好好打一场。

一不做二不休，亚历山大向牟丹城进军。这个城的地势高，城墙坚固，亚历山大久攻不下有点不耐烦，于是抓住一条绳梯亲自往上爬，很快上了城头，接着还有三员大将也爬上了城。可是，当其余的士兵挤着向上爬时，绳梯竟然绷断了，使得众多士兵摔下城去。亚历山大等四人在城墙上顿时孤立无援，加上头盔光亮，铠甲鲜明，马上成了明显的攻击目标。

亚历山大心里想，如果待在墙头，目标十分显著，万一冷箭射来，岂不死得冤枉，不如跳进城去，拼个你死我活，这样死也值得。想到这里，即刻攀树跃入城中，刚着地，敌人即刻包围上来。

另外三人也跟着跳下，与他们的国王并肩抵抗一层层围拢上来的敌人。这时，亚历山大中了一箭，箭穿透铠甲刺在他的胸膛上。三人持盾牌护着他，挡住箭雨。危急之间，城门已被马其顿大军攻破，士兵们看到大王受伤倒地，既惊又怒，更加奋勇杀敌。打败敌人后，他们迅速将亚历山大抬走。亚历山大胸部的伤口不住地向外流血和冒气泡，伤势不轻，箭头似乎刺穿了肺脏。

“我们敬爱的大王受伤了！”消息立刻传遍了军营。

"大王已经阵亡了!"再过一会儿，谣言四起。

亚历山大知道此刻他必须出现在众人面前，才能止住谣言。他不愿被人抬着，坚持骑马回到了他的营地，仿佛有如神助般，他仍挥手与众人打招呼，营地欢声如雷。许多士兵见他安然无恙，转忧为喜，泪如雨下。亚历山大不顾自己的性命，受到好友克拉特拉斯及托勒密的叱责，责备他不应该这般不顾死活，草率行动。然而，他的英勇并没有白费，马利亚和牟丹终于彻底投降了。

沙漠余生

亚历山大只休养了很短的一段时间，就继续向南航行。快到印度河出海口的三角洲地带时，亚历山大根据地理知识判断后，认为这地方的地理位置非常重要，资源又丰富，必能为己所用，于是嘱咐赫菲斯提昂多盖船坞，将这一个小城市发展为重要的海港。果然没多久这个小城发挥了作用，使军用补充完备，可以让大军从海上航行回巴比伦了。

亚历山大交给海军统帅尼阿卡斯一项新任务，命他率领舰队，等到9月“贸易风”①来临时，顺风航行，自己则带领大部分的队伍沿着海岸线走，打算沿路挖水井，为舰队补充饮用的淡水。没想到这条路走起来远比预计的困难得多，走到10月，进入沙漠地带，不但没水，而且天气还很燠热。白天烈日当空，根本无法行军，只得晚间赶路。车辆沉陷在沙地中无法行驶，不得不抛弃车辆和重装备。饮水和食物渐渐耗光了，连走不动的牛、羊、马匹，都宰来吃了。有一次他们扎营在干涸的河床上，突然来了一阵洪水，将不少士兵冲走。沙漠风暴加上洪水，原先路上的地标都难以寻觅，大军因此在沙漠迷了路，绕了许多冤枉路，才由一队侦察兵摸索到回海岸线的路。

在这样艰苦的环境里，亚历山大仍爱护部下如同手足，愿意与他们同甘共苦。如果他看见骑兵失去了马，他也跳下马陪着他们走，如果哪个人没有口粮了，他也陪着他不吃，他绝不会吃得比他们多、比他们好。有一次出去

① 贸易风，产生在赤道两侧南北纬三十度附近，是全年风向规律恒定的风。航海者以此风横渡大洋来进行贸易，所以称为“贸易风”，又称“信风”。

找水的队伍找到了一条小溪，士兵们舀了一点水，用头盔盛着，想到他们的大王伤还未痊愈，一定渴得要命，连奔带跑地将水送到亚历山大的面前。

“敬爱的大王，请喝水。”

亚历山大接过水说了声：“谢谢！”环视了他的士兵一圈，在众目睽睽之下，出其不意地将水泼洒在地上。说来奇怪，谁都没喝到水，众官兵却个个像喝饱了水似的精神大振。这份有难同当的袍泽情，正是士兵们甘愿为他卖命的原因。

开集体结婚的先河

公元前325年2月底，亚历山大领军回到了苏沙，在这儿，他深受浓厚的波斯文化熏陶，公开表示要归化，并采纳波斯习俗，还鼓励与波斯人通婚。亚历山大自己领头，迎娶大流士的长女巴西妮，在盛大的婚礼中，另有九十二名亲信密友一起响应，也迎娶波斯女子为妻，他们不但成了波斯人的亲戚，彼此之间的关系也更近了：赫菲斯提昂娶了大流士的第二个女儿德莉比娣斯，亚历山大有意要他最亲密的朋友的子女成为自己的外甥或外甥女，克拉特拉斯娶了大流士的侄女，托勒密娶了阿塔巴扎斯的女儿。这些人本来就是亲友，如此一来更是亲上加亲了。

风气一开，马上有上万名马其顿士兵迎娶波斯女子，亚历山大赠送给每一对新人一份丰厚的礼物。他一方面入境随俗，促进族群大融合、文化大交流；另一方面则致力于波斯的马其顿化。这三年来，亚历山大在苏沙招募了三万名波斯青年，让他们穿上马其顿战斗服，使他们接受马其顿式的军事训练，如今已训练完成。有些马其顿士兵却不高兴，他们以为这会使自己失去君王的宠爱，不久就要被波斯兵取代了。

亚历山大确实想将一批老兵送回马其顿，还给他们每人发了一大笔饷金。可这批老兵本来就对波斯新兵不满，便向亚历山大抗议说："陛下，您要用这些虚有其表、像跳芭蕾舞似的好看却不中用的军人吗？"

说得亚历山大笑起来。他们接着一本正经地说："您先派我们攻坚作战，历尽艰辛，现在我们筋疲力尽又伤残老弱，很没面子地要被送走，教我们如何是好？"

士兵的求情，违背了亚历山大的意旨，他不悦地说：“我哪会将你们甩掉呢？想想看，你们在腓力王在世时，就已为马其顿出生入死，我和父王都对你们尊敬有加。如今你们立了功劳，该是告老返乡享乐的时候了。”

说完，他照例单独一人闷在帐篷里，不见客。马其顿士兵知道他们忤逆了大王，便围在他的住处两天两夜不肯离去，不停地向大王忏悔，一直到第三天，亚历山大才原谅了他们。他高高兴兴地拿出最好的酒菜大摆筵席送行，并犒赏每个士兵，然后命克拉特拉斯护送这批老兵衣锦回乡。

失去爱友

克拉特拉斯走了，赫菲斯提昂便成为亚历山大手下的第一副元帅，他肩上的担子无形中变得更重了。

那年夏天特别的炎热，亚历山大的军队驻扎在哈马丹。他经常陪妻子小星星罗克珊娜观赏戏剧，他尤其喜欢看希腊演员卖力演出的喜剧。

在欢乐的闲暇中，赫菲斯提昂却得病了。亚历山大知道后，立刻陪在赫菲斯提昂床边照顾他，并请最好的医生替他治病。过了一星期，赫菲斯提昂的病好了一些，亚历山大才离开他的病榻，赶去参观运动竞技会，就在这短短的一段时间里，赫菲斯提昂的病情突然加剧。亚历山大得报时，正在看一群青少年的比赛，他立即赶回来，却还是迟了，赫菲斯提昂已死去。亚历山大悲恸万分，仆倒在赫菲斯提昂的身上，痛哭流涕了一整天，直到晚上，人们才将他拖开来。

以后的两天两夜，他不食不饮几至瘫痪，如同希腊英雄阿喀琉斯伤痛好友帕特洛克罗斯的逝世一样。他甚至有点神志不清，把自己的长发都剃光了，并下令将军中所有的马及驴的鬃毛和尾巴全剪短，人畜共同哀悼。他认为是替赫菲斯提昂治病的医生疏忽，所以将医生处以重刑，还下令将哈马丹地方所有神殿里的医疗之神打毁。他声嘶力竭地大吼："算什么神医，竟然让赫菲斯提昂死去！有失神职！"

他下令各地大举哀悼，行礼服丧，帝国内神殿的圣火及长明灯均熄灭掉，执行的葬礼等同国王崩殂。甚至派特使到西瓦，请示埃及的阿蒙神谕，可否将他的好友封为神祇，结果神谕不认可，只说可以把赫菲斯提昂当英雄来崇拜。

帝王之死

公元前 323 年 4 月，巴比伦城里的人们议论纷纷。

“亚历山大大帝快回来了。”

“他最好暂时不要进城。”

“为什么？”

“因为祭司说神谕有不祥的凶兆。”

“大王不愿耽搁进城，幸好神谕指示，从东门进城能受到保护。”

“哎呀！不好！东门是沼泽地，行军极困难。”

“不得了，大军还是绕到西门进城了。”

……

在巴比伦的行宫中，亚历山大接见了各地派来向他朝觐的代表，其中有很多是原先尚未归服的王国。他们见他征服了东方，探索了新疆域，并安然归来，都心悦诚服地向他表示拥戴。有些小王国诚心诚意请亚历山大来解决他们国内的争端，只要亚历山大有所指示或决定，都欣然接受，衷心奉他为全世界的主人。

亚历山大坐在金碧辉煌的奈布札宫殿里，纵使对赫菲斯提昂的去世哀伤欲绝，可是他脑海中的计划却也不曾停止。第一件事就是要进军阿拉伯，这个过去一直是波斯盟邦的国家从来没有正式降服过，这次非得降服她不可。他要想办法先稳定波斯湾沿海一带，再建立一条直航埃及的永久海道，将红海和尼罗河贯通，使阿拉伯发展为国际贸易中心。亚历山大的造舰人员全力着手造舰。海军舰队已从幼发拉底河抵达巴比伦，另外加入了五十艘腓尼基人的船舰，组成了一支更强大的海军。

等攻打阿拉伯的准备工作做得差不多了，亚历山大才为赫菲斯提昂举行隆重的葬礼。经过几个月细心的准备，赫菲斯提昂涂抹了香油的躯体被放置在六十米高的火葬台上，每个台阶都镶着黄金，许多雕刻精美的陪葬物，例如兵俑、鹰俑、蛇俑、牛俑，以及各种马其顿和波斯武器，皆随着葬火而逝。

向挚友致以最高的敬意后，一连串的不祥之兆和凶兆也开始接二连三地发生在亚历山大的身上了。有一次，亚历山大乘船巡视水道时，一股劲风将他饰有王冠的宽边遮阳帽吹落，水手眼明手快，一把捞住王冠，才没有让它掉进泥水中，匆忙间，水手将王冠顶在自己的头上，双手划水上船，把王冠送还给亚历山大，殊不知，这是王冠易主是极不祥的兆头。另一个更坏的恶兆发生在王宫里。一日，大家正商量攻打阿拉伯的计划，亚历山大起身暂离王座，这时，一名糊涂囚犯刚好经过那里，便一屁股坐了上去。这可不得了，犯了大忌，宫廷里服侍大王的人都吓坏了，认为将有大难临头。

尽管发生了这么多不祥的预兆，亚历山大仍然参加将士们所举办的宴会。他喝了许多酒，然后沐浴就寝。第二天醒来，先有一点发烧，以为没什么大不了，不肯休息，那晚又喝了更多的酒。第二天却烧得更厉害了，御医认为他感染了疟疾，但他仍不肯休息，继续和将领们拟订作战计划，并打算亲自领军。

那天晚上，服侍他的人将他抬到王宫靠幼发拉底河畔较凉爽的一边，他觉得舒服些了，体力也好些，第二天立

刻又和他的军官们商讨军事大计，但不一会儿，又发起高烧来，这样反反复复过了九天，亚历山大已虚弱得说不出话来，生的气息渐渐地如退潮般离开他的身躯。

亚历山大大帝将他的众将领召集到他的床边，众将领流着泪问他："伟大的帝国要留给谁？"

他轻声无力地说："给最好的人选。"

亚历山大大帝弥留之际，士兵们在宫外排起长队，渴望能见他一面，不论生死，他们都想再看一眼他们敬爱的大王。他们安静地排队，满怀悲痛、无助及惶恐，依次进入王宫，来到亚历山大的床边。亚历山大见他们一一走过，虽然说不出话来，但仍挣扎着抬起头来打招呼，从他的眼神中看得出，他认得每一个人。

6 月 10 日晚间，亚历山大大帝离开了人间，此时的他还不满三十三岁。一位雄才大略、英明睿智的领袖，就这样给后代留下了一份永垂不朽的功绩。

亚历山大的影响

亚历山大短短三十二年的生命，无疑创造了远古时代最辉煌的历史，他将希腊文化、语言，远播到喜马拉雅山脚下。新兴的“希腊文明”，影响了世界各地长达三百年之久。他所建立的七十多座城市，对交通及国际交流和贸易，贡献非凡。其中，埃及的亚历山大港甚至一度成为埃及的首都，使原本古老、保守的埃及因为对外交流、贸易的缘故，开始接触新知和新讯息，变成当时世界上最重要的商业大埠。

亚历山大致力于融合希腊文化与当地文化，取长补短，又尊重当地的法律、风俗习惯，在建筑、器械、工具、通讯方式等方面，总不忘掺入比较先进的希腊文明。至于政治经济制度，他推崇民主精神，实行议会制度、集会选举、统一钱币等措施。而与人民日常生活密切相关的部分，他也十分用心，例如普遍设立行政场所、神殿、图书馆、剧院、运动场等。

无人知道亚历山大的脑袋里想些什么，但所有人都坚信他的内心充满雄心壮志，他无论想做什么，总是锲而不舍，不达目的绝不罢休。永无止境的求知欲，促使他不停地探险；大无畏的冒险精神，让他从不在困难面前退缩。

即使没有对手，他也会设法超越自己；他不但超越同时代的人，也超越了历史上的古人，甚至神话中的英雄。后世那些帝王将相，包括罗马的恺撒大帝及奥古斯都、埃及女王克莉奥帕特拉、法王路易十四及拿破仑，都踏着亚历山大的足迹，以他为标杆、为榜样。

在荷马的史诗《奥德赛》和《伊利亚特》，以及形形色色的希腊神话故事里，总不乏许多法力无边、变化莫测、能够上天下海的英雄神祇，这些神祇大概都能引起人们的尊崇和敬畏，但只要提到血肉身躯的人间英雄亚历山大，相信大家一定能认同他的事迹、他的功业，以及他对后世实实在在的影响。这种影响远远超过虚构的神祇们！

亚历山大小档案

前 356 年 出生。

前 348 年 父亲腓力大败希腊联军。

前 344 年 驯服爱驹“布西发拉斯”。

前 340 年 任马其顿摄政。

前 338 年 父亲腓力组织“希腊联盟”，成为联军最高统帅，统治了希腊各城邦。

前 336 年 登上王位。

前 334 年 发动攻打波斯的战役。在安菲坡设立当时最大的铸币厂。

前 333 年 一刀砍开“高地亚绳结”。11 月，首次大败波斯的大流士于伊苏斯。

前 331 年 与波斯大流士在高加米拉展开会战，大流士败逃。

前 330 年 6 月，决定继续追赶大流士。最后，大流士被叛兵刺杀而亡，亚历山大终究未能与大流士正式见面。

前 329 年 翻越兴都库什山，到达波斯帝国的东北边界。

前 327 年 率兵攻打索格地亚。

前 326 年 于希达斯皮斯河畔打败印度国王波拉斯。

前 323 年 逝世。